GREEK PAPYRI
IN THE COLLECTION OF
NEW YORK UNIVERSITY

I

NEW YORK UNIVERSITY
DEPARTMENT OF CLASSICS
MONOGRAPHS ON MEDITERRANEAN ANTIQUITY

# GREEK PAPYRI IN THE COLLECTION OF NEW YORK UNIVERSITY

## I

FOURTH CENTURY DOCUMENTS FROM KARANIS

EDITED BY

NAPHTALI LEWIS

With one folding plate

LEIDEN
E. J. BRILL
1967

*Copyright 1967 by E. J. Brill, Leiden, Netherlands*

*All rights reserved. No part of this book may be reproduced or translated in any form, by print, photoprint, microfilm or any other means without written permission from the publisher*

PRINTED IN THE NETHERLANDS

*TO*

HERBERT C. YOUTIE

φιλίας ἕνεκεν καὶ ἀρετῆς

# CONTENTS

|  | Page |
|---|---|
| Preface | ix |
| Table of Papyri | xi |
| Publication Symbols | xiii |
| Abbreviations | xiv |

*Texts*

| | |
|---|---|
| Land Declaration (1) | 1 |
| Petition (1a) | 3 |
| Receipts for Tax Payments and Deliveries (2-11a) | 4 |
| Accounts (12-19) | 28 |
| Contracts (20-24) | 42 |
| Letter (25) | 56 |

*Indexes*

| | |
|---|---|
| I. Emperors and Regnal Years | 58 |
| II. Consuls | 58 |
| III. Indictions | 58 |
| IV. Months and Days | 58 |
| V. Personal Names | 59 |
| VI. Geography and Topography | 61 |
| VII. Official Terms | 62 |
| VIII. Coins and Measures | 62 |
| IX. Taxation | 62 |
| X. General Index of Words | 63 |

# PREFACE

The ancient village of Karanis was situated in the Arsinoite nome of Egypt, about fifteen miles north and slightly east of the nome capital, Arsinoë. Excavated systematically by a University of Michigan expedition in 1924-34, and haphazardly (often clandestinely) before and since then by peasants and other non-professionals digging for fertilizer and antiques, the ruins of Karanis have been prolific in Greek papyri and ostraca. The University of Michigan has some thousands, a considerable number of which have already been published in the series *Michigan Papyri*. Hundreds more have made their way through governmental channels to the Egyptian Museum in Cairo, and through commercial channels to museums and universities in Europe and America.

There is a particularly dense concentration of Karanis papyri for the period ca. 275-ca. 375 A.D. These appear to belong to three family archives, whose interconnection, if any, is not yet clear. The earliest group centers about a farmer named Aurelius Isidorus, who died ca. 324 A.D. The bulk of this archive—146 documents—was recently published by A. E. R. Boak and H. C. Youtie, *The Archive of Aurelius Isidorus in the Egyptian Museum, Cairo, and the University of Michigan*, Ann Arbor, 1960. Central figures in the second group are Valerius son of Antiourios, and Aion son of Sarapion, whose floruit may tentatively be placed in the decade or two following the death of Aurelius Isidorus. The latest and smallest of the three groups consists of the papers of Aurelia Tetoueis, or Titoueis. Six loan documents of 372-74 A.D. have been published: POslo 38, PMerton 37, PNew York 24 in the present volume, and three in *American Journal of Philology* 81 (1960), pp. 157-75; whether there are still unpublished documents of the Tetoueis group is not yet clear.

As nearly as I can now reconstruct it, about 100 of these fourth-century Karanis documents, ranging from single sheets to whole rolls, were included in a series of large purchases made by Sir Harold Bell between 1922 and 1925 for several collections in Great Britain and the United States. In his typescript report on the 1924 purchase Bell remarks, speaking of Box XV, "These papyri clearly belong to a single find, made on the site of the ancient Karanis and ranging in date from the very end of the third century to about A.D. 375. They have therefore been kept together and assigned to a single contributor [i.e., Columbia University, which shared them with New York University]; but as a matter of fact many papyri in other boxes ... clearly belong to the same find, and it was not possible to keep all these together without making the division inequitable." A small number of related papyri also turned up in the purchases of the other years. The following is a summary of the distribution of the fourth-century Karanis papyri from these purchases, and of the extent to which they have been published to date: Twenty-five pieces went to New York University, two to Cornell University, and a long roll to the British Museum; *all of these are published in the present volume*. Those allocated to Mr. Wilfred Merton have been published as PMerton 30, 31, 37, 88, 89, 91 and 92. Three pieces which went to the University of Michigan have been published as PCair Isid 7, 16 and 17. Of the fifty or more assigned to Columbia University only six have been published: see *Transactions of the American Philological Assn.* 68 (1937), pp. 357-87 = SB 8246, *Journal of Juristic Papyrology* 2 (1948), pp. 51-66 = SB 9187-88, and *American Journal of Philology*, *loc. cit.* and 83 (1962), pp. 185-87.

The singular importance of archival materials of this sort is the degree to which they enable us to penetrate the intimate details of day-to-day existence at a given time and place. The fourth-century Karanis documents are particularly illuminating on economic and administrative matters. As examples of the studies which their partial publication has already occasioned may be mentioned, in addition to the publications cited above, "A Sidelight on Diocletian's Revival of Agriculture," published by me in *Journal of Egyptian Archaeology* 29 (1943), pp. 71-73, and the following articles by A. E. R. Boak: "An Egyptian Farmer of the Age of Diocletian and Constantine," in *Byzantina-Metabyzantina* 1 (1946), pp. 39-53, "Politai as Landholders at Karanis," in *Journal of Egyptian Archaeology* 40 (1954), pp. 11-14, and "The Population of Roman and Byzantine Karanis," in *Historia* 4 (1955), pp. 157-62.

The related Cornell and British Museum papyri are included in this volume with the kind permission of those institutions. For most of the New York University papyri I have had the benefit of preliminary transcriptions made by the late Casper J. Kraemer, Jr., soon after the papyri were acquired. I am also indebted to Mr. T. C. Skeat, of the British Museum, who painstakingly checked No. 11a for me at several points, and to Professor H. C. Youtie, of the University of Michigan, to whose skill and advice I have had repeated recourse.

New York, October 1962                                                                NAPHTALI LEWIS

# TABLE OF PAPYRI

|     |                                                      | Date, A.D.          | Page |
|-----|------------------------------------------------------|---------------------|------|
| 1.  | Copy of a Land Declaration                           | After 299           | 1    |
| 1a. | Petition to the Governor                             | 316-20              | 3    |
| 2.  | Certificate for Performance of Irrigation Corvée     | Prob. 332/3 or 347/8 | 4   |
| 3.  | Tax Receipt                                          | 336/7               | 5    |
| 4.  | Receipts for Tax Payments                            | 324 or 339          | 6    |
| 4a. | Receipts for Taxes in Kind                           | 312 and 319         | 8    |
| 5.  | Receipts for Deliveries of Grains                    | 328-31 or 343-46    | 12   |
| 6.  | Receipt for Delivery of Meat                         | 328 or 343          | 15   |
| 7.  | Receipt for Delivery of Wheat                        | 329 or 344          | 16   |
| 8.  | Receipt for Delivery of Grain                        | 328/9 or 343/4      | 17   |
| 9.  | Receipts for Deliveries of Wheat                     | 330 or 345          | 18   |
| 10. | Receipts for Deliveries of Grain                     | 331 or 346          | 19   |
| 11. | Receipts for Deliveries of Wheat                     | 333 or 348          | 20   |
| 11a.| Receipts for Deliveries of Grains, Etc.              | 323-27 or 338-42    | 21   |
| 12. | Account of Tax Collections                           | 321/2               | 28   |
| 13. | Account of Tax Payments                              | Ca. 330-40          | 31   |
| 14. | Account of Tax Payments                              | Ca. 330-40          | 33   |
| 15. | Account of Tax Collections in Barley and in Money    | Ca. 320             | 34   |
| 16. | Account of Tax Collections in Barley                 | 321/2               | 36   |
| 17. | Account of Grain Receipts and Shipments              | 320                 | 37   |
| 18. | Memorandum of Disbursements                          | 312 or later        | 39   |
| 19. | List of Landholders                                  | Ca. 330-40          | 41   |
| 20. | Cession of Land                                      | 302                 | 42   |
| 21. | Cession of Land                                      | 297-306             | 49   |
| 22. | Loan of Wheat                                        | 329                 | 51   |
| 23. | Loan of Grain                                        | 326/7               | 53   |
| 24. | Loan of Wheat                                        | 373                 | 54   |
| 25. | Letter                                               | IV century          | 56   |

# PUBLICATION SYMBOLS

*a) Editorial*

The standard editorial practice of papyrus publications is followed in this volume. Accents, breathings, and punctuation are added. The symbols have their customary meanings:

    [ ]   lacuna
    ⟦ ⟧   deletion in the original
    < >   omission in the original
    { }   superfluous letter or letters
    ( )   resolution of a symbol or abbreviation
    ` ´   insertion above the line

Dots within square brackets, or ± and a numeral, represent approximately the number of letters lost; dots outside brackets indicate visible but illegible letters; dots under letters indicate doubtful readings. A blank space within brackets indicates that the number of missing letters can not be estimated; a blank space within parentheses marks an abbreviation of which the resolution is unknown.

*b) Numerical*

In addition to the letters of the Greek alphabet in their regular arithmetical function, the following numerical symbols occur in the texts of this volume:

/ or ⌐ or ʃ indicates that a numeral or a fraction precedes.
d = 1/4
∠ = 1/2   (This symbol is frequently written ʃ, but to avoid confusion with the above symbol having the same ʃ shape, 1/2 is always represented in this edition by ∠.)
ω = 2/3
δ = 3/4
⋌ = 900
'α, 'β, 'γ or /α, /β, /γ, κτλ. = 1000, 2000, 3000, etc.
∩ = 10,000

### NOTE

Obvious instances of the pervasive iotacism of postclassical Greek are not normally noted in the apparatus.

# ABBREVIATIONS

In addition to the common abbreviations of papyrological literature, the following are used:

Kase = E. H. Kase, Jr., *A Papyrus Roll in the Princeton Collection*. Baltimore, 1933.

PCair Isid = A. E. R. Boak and H. C. Youtie, *The Archive of Aurelius Isidorus*. Ann Arbor, 1960.

# 1

## COPY OF A LAND DECLARATION

Inv xv, 49 f  25.5 × 7.5 cm.  After 299 A.D.

Two adjoining fragments preserve the right half of the end of a land declaration of 299 A.D., followed by a further statement of which only a few words are recoverable. The type of document and date are assured by PCair Isid 3-5, which **1** parallels exactly. The officials named in **1** appear to be the same as those in PCair Isid 5; this in turn would appear to locate the parcels of land recorded in **1** in the fourth and fifth toparchies of the Arsinoite nome. For the details of these land declarations see the analysis in PCair Isid **3**, intr.

That **1** was not, however, the original declaration but a copy thereof, is shown by the fact that the same hand wrote the entire text of lines 1-15, including all the signatures of the different officials. A second hand added the statement of lines 16-21, attesting the authenticity of the foregoing copy and indicating that it was made in connection with the cession of the land involved.

The first hand is a characteristic slanting cursive of this period. The writing of the second hand is very small and rapid.

```
                                    ]υ              ἄρ(ουραι) β
                                    ]               ἄρ(ουρα) α ιϚ
       Αὐρ(ήλιος) Ἀτίσιος ἀπεγραψάμη]ν τὰς προδηλουμένας ἀρούρας
       καὶ παρέλαβον τὴν μέτρησιν] ὡς πρόκ(ειται) ὀμόσας τὸν σεβάσμιον
       ὅρκον.     Αὐρ. ± 14   ].ίου ἔγραψα ὑ(πὲρ) <αὐτοῦ> ἀγραμμάτου.
       Αὐρ. Ἀφροδίσιος γεωμέτρης] ἅμα Παυλίνῳ συγγεωμέτρῃ ἐ-
       μέτρησα τοῦ Ἀτισίου τὰς πρ]οδηλουμ[έ]νας ἀρούρας. Αὐρ. Παυ[λῖνος
       γεωμέτρης ἅμα Ἀφροδισίῳ σ]υγγεομέτρῃ ἐμέτρησα τοῦ Ἀτισί[ου τὰς
       προδηλουμένας ἀρούρας.] Αὐρ. Ἀπολλώνιος βουλ(ευτὴς) ἰουράτ[ωρ
10     παρήμην τῇ μετρήσει. Αὐρ. Κ]ορπρῆς βουλ(ευτὴς) ἰουράτωρ [παρή]μην
       τῇ μετρήσει. Αὐρ. Ἥρων βουλ. ἰ]ουράτωρ παρήμην τῇ [μετρ]ή[σει.
       Αὐρ. Σαραπίων βοηθὸς δεκαπρώ]των τῆ[ς το]παρχία[ς] ἐ[πέγνων
       τὴν μέτρησιν. Αὐρ. Παννοῦς] ὁριοδί[κτ]ης ὑπέδιξα π[άσας
       τὰς προδηλουμένας ἀρούρας] καὶ οὐδ[ὲν] παρέλιπον.
15     Αὐρ.    ± 13    πρεσβύ]τερος διδ[ά]σκαλος παρ' ἐμοὶ ἐτ[ελ(έσθη).

(2nd hand)  ± 20      π]αραθέμεν[ος] τὸ προκίμενον .[
                      ἐπ]οιησάμη[ν τῃ    π]αραχωρήσε[
                      ?ἀλ]ηθές..[         ]...[
                      ἀ]πὸ τῶν χ.[        ]..ω.[
20                    ].αλυ.[            ]...[
                                    ἀγρα]μμάτο[υ.
```

8. *l.* -γεωμέτρῃ.    9, 10. ιουρατωρ Pap.

## Translation

(Lines 3-15) I, Aurelius Atisios, registered the above-indicated arouras and I accepted the measurement as aforestated, swearing the imperial oath. I, Aurelius ——— son of

[1]

——ios, wrote for him since he is illiterate. I, Aurelius Aphrodisios, surveyor, together with Paulinus co-surveyor, measured the above-indicated arouras of Atisios. I, Aurelius Paulinus, surveyor, together with Aphrodisios, co-surveyor, measured the above-indicated arouras of Atisios. I, Aurelius Apollonios, bouleutes, iurator, was present at the measurement. I, Aurelius Kopres, bouleutes, iurator, was present at the measurement. I, Aurelius Heron, bouleutes, iurator, was present at the measurement. I, Aurelius Sarapion, assistant of the dekaprotoi of the toparchy, took cognizance of the measurement. I, Aurelius Pannous, horiodiktes, marked out all the above-indicated arouras and omitted nothing. Aurelius ——— the elder, *didaskalos*, this was executed before me.

## NOTES

1. Probably ἀβρόχο]υ.

15. "Acting in the capacity of secretary, notary, or registrar of the toparchy, the *didaskalos* might sign a declaration drawn up in his office, but his signature was not regarded as essential to the completion of a declaration"—PCair Isid 3, 41n.

16. The doubtful letter at the end of the line is π or τ.

## 1a

## PETITION TO THE GOVERNOR

Cornell papyrus
Inv ii, 37                           11.5 × 12 cm.                           316-20 A.D.

Valerius Ziper, to whom this petition is addressed, is known to have been governor of Aegyptus Herculia from 316 to 320 A.D.: cf. PCair Isid 76, 3n. This poorly preserved papyrus breaks off after the address and introductory platitude. All that can be made out of the substance of the petition is that the complainants were three villagers of Karanis farming fifteen arouras.

The scribe writes a very even, slanting hand; ι for ει is frequent (lines 6, 9, 10).

    Οὐαλ[ερίῳ Ζί]περι τῷ διασημοτάτῳ
      ἡγουμένῳ Ἡρκουλίας Αἰγύπτου
    παρὰ Αὐρηλίων Οὐ'σ'ενούφεως Ἡρᾶ καὶ Ἡρᾶ
    Ἀτισίου καὶ Ἥρωνος Ἀπίωνος τῶν
5   τριῶν ἀπὸ κώμης Καρανίδος τοῦ Ἀρσινοίτου
    νομοῦ. τῷ μὲν δοκῖν, ἡγεμὼν δέσποτα,
    ὑπὲρ ἑαυτῶν τὸν λόγον προτινόμεθα,
    ἔργῳ δὲ ἀληθεῖ καὶ δυνάμει ὑπὲρ λυσιτε-
    λείας τῶν φόρων τοῦ ἱερωτάτου ταμίου.
                      παρὰ σοὶ τῷ φιλα
10  ἔσμεν τοίνυν, ἐπεὶ ἀψευδῖν δῖ γεωργοὶ μ-
    λήθη,
    ἐν ἀρουρῶν δέκα πέντε ιγιραχ . . .
    .]φνος καὶ [. . . . .]ρου ἀπ[ὸ] τῆσδε τῆς πόλεω[ς.
    εἰσὶν δὲ [. . . . .]. λοιπω αὐτὸ γὰρ . . . .
    ]εισ[       ]. . [γ]εωργοὶ . .
15            ]οντῳ[ν
             ]λούντων
             ]ὑποβαλλο-
- - - - - - (broken) - - - - - -

11. ϊγιρ- Pap.    11 interlinear. *l.* λήθει.    14. ]εωργοϊ Pap.

### *Translation*

To Valerius Ziper, *vir perfectissimus, praeses Aegypti Herculiae*, from the Aurelii Ousenouphis son of Heras, Heras son of Atisios, and Heron son of Apion, all three from the village of Karanis of the Arsinoite nome. In appearance, lord prefect, we tender a brief in self-interest, but in actual truth and reality for the advantage of the revenues of the imperial treasury. Now then we are—since one must not speak false before you, the lover of truth—farmers of fifteen arouras . . . .

[3]

# 2

## CERTIFICATE FOR PERFORMANCE OF IRRIGATION CORVÉE

Inv xv, 41          28 × 18 cm.          Prob. 332/3 or 347/8 A.D.

This is the NYU papyrus referred to in *Aegyptus* 6 (1925), p. 122. The papyrus is complete, but the top and bottom are mutilated. The text, written on the upper third of the sheet in a large upright hand, is a receipt issued for assigned labor performed in the maintenance of the irrigation system.

    Αὐρ]ήλιος Πτολεμῖ[νος ±6
    Αὐ]ρηλίῳ Οὐαλέ[ρ]ις· [ἐπλήρωσας
    ὑπ]ὲρ ϛʃ ἰνδικτίονο[ς] ἐπὶ
    τῶν χωμάτων ὑπὲρ τοῦ
5   ἀ]φυλισμοῦ ναύβια
    τ]ρία μώνας. Αὐρήλιος
    Ἰσίδωρος ἀπὸ Καρανίδος
    ἔγραψα.

    2. *l.* Οὐαλερίῳ.      4. ὔπερ Pap.      6. *l.* μόνα.

### *Translation*

Aurelius Ptoleminos . . . to Aurelius Valeris: You have completed on the embankments, for (your obligation of) the 6th indiction, for the cleaning-out work, three naubia, total. I, Aurelius Isidoros from Karanis, wrote (this).

### NOTES

5. ἀφυλισμός ("unstuffing") is the removal of matter impairing the functioning of the irrigation canals. The material removed from the channels was piled on the embankments to reinforce the latter. Cf. *Aegyptus* 6 (1925), pp. 121-29, 7 (1926), pp. 215-19 and 42 (1962), pp. 128-32; *Transactions of the American Philological Association* 71 (1940), pp. 634-37; PMich 380, 6n.

## 3

## TAX RECEIPT

Inv i, 1 *recto*            23 × 30 cm.           336/7 A.D.

The papyrus is complete and well preserved. The first hand is a clear, rapid cursive of the period, with a few flourishes. The second hand is similar, but more angular and less skilled. **16** is written on the verso.

The text, occupying only the upper left quarter of the sheet, is a receipt attesting the payment of 56 talents for the overseas transportation of grain tribute; a brief discussion of this tax, with bibliography, may be found in Kase, p. 22 and PCair Isid 59, 4n.

The occurrence of the sitologoi Ptollas and Atisios in an unpublished Columbia papyrus of 340 A.D. suggests that the tenth indiction of **3** is that of 336/7 A.D.

    Αὐρήλιοι Πτολλᾶς καὶ Ἀτῖσις σιτολόγοι
    ἤται ἀπαιτηταὶ κωμ{ωμ}ητῶν κώμης
    Καραγίδος Αὐρηλίῳ Ἀντιούρι Πτολλᾶ χέριν·
    ἔσχον παρά σου ὑπὲρ δεκάτης ιſ ἰντι(κτίονος)
5   ὑπὲρ γαῦλα θαλασίον τάλαντα πεντή-
    κοντα ἕξ (τάλ.) νς μώνα. (2nd hand) Αὐρήλιος
    Μέλας ἔγραψα ὑπὲρ αὐτοῦ ἀγραμμ(άτου).

2. *l.* ἦτε.    3. *l.* χαίρειν.    4. *l.* ἰνδι(κ.).    5. *l.* ναύλων θαλασσίων (sc. πλοίων).    6. *l.* μόνα.

### *Translation*

Aurelii Ptollas and Atisis, sitologoi likewise apaitetai of the villagers of the village of Karanis, to Aurelius Antiouris son of Ptollas, greeting. I have received from you for (your obligation of) the tenth (10th) indiction for sea freight, fifty-six talents (tal. 56), total.

(2nd hand) I, Aurelius Melas, wrote for him because he is illiterate.

### NOTES

1-2. σιτολόγοι ἤται ἀπαιτηταί: Wilcken's suggestion (WChr 43, introd.) that the expression X ἤτοι Y gives the old and new titles for the same office does not appear applicable here. PThéad 50 of 325 A.D. contains the nomination of four villagers as σιτολόγους καὶ ἀπετητάς (line 8), which suggests that they filled not one but two offices. This view is confirmed by **3**, which, being a receipt for a money payment, was obviously issued by the collectors in their capacity as apaitetai, not as sitologoi.

2. κωμητῶν: Village residents and non-residents holding property in the village's territory paid into separate tax accounts: cf. PCair Isid pp. 76-77.

4ff. Though the sitologoi are plural, the stereotyped formula of the receipt proceeds from this point in the singular. Similarly **5**, **32**, **11a**, **164**, PCair Isid 47, 42 and 98, 17.

# 4

## RECEIPTS FOR TAX PAYMENTS

Inv xv, 33              28 × 12 cm.              324 or 339 A.D.

The papyrus is complete, but abrasion has removed much of the writing on the left side. The writing is in three different hands, all rather coarse cursives of the period. The second hand is the most rapid and skilled of the three, and is noteworthy for the distinctive sigma at the end of the line, written ⌒ (lines 10, 13, 14).

The text consists of three laconic receipts for payments made by or on behalf of Aion son of Sarapion, who appears frequently in the "midcentury" group of Karanis documents (cf. Preface). The top and bottom receipts (lines 1-7 and 10-16) were issued by officials' agents for payments towards their wages. Between these two receipts was inserted, presumably at a later date, an unsigned notation of a payment of 3000 talents for "clothing"—i.e., no doubt, the *vestis militaris* (on this contribution in the first quarter of the fourth century see PCair Isid 54, intr.). *Adaeratio* of this contribution was first permitted in Egypt by a constitution of 377 A.D. (Cod. Theod. 7.6.3). Since the receipts in **4** center around Aion son of Sarapion, the twelfth indiction (lines 5, 13) is that of 323/4 or 338/9 A.D. This, in turn, suggests that the legislation of 377 A.D.—as is so often the case—simply sanctioned what had already been practiced for some time.

```
       Παεῖγι ιε⌒. Αὐρήλιος Τιμώθεος
       δημοσίου Σελευκίῳ μονῶπι
       ῥιπαρί[ο]υ· ἔσχον ὑπὲρ Ἀιῶνις
       μισθοῦ μηνῶγ τεσσάρων ὑπὲρ
   5   δω[δεκά]της ἰνδικτίωνος.
       Αὐρήλι[ος] Θεονᾶς Ἡρᾶς ἔγραψα
       ὑπὲρ αὐτοῦ παρῶντος ἀγραμμά'του'.

       (3rd hand) διέγραψεν Ἀιῶν ἐσθῆ-
       τος ζ [..] Πατερμοῦθι (τάλαντα)'γ.
  10   (2nd hand) Αὐρή[λι]ος Ἀντώνιος σύμμαχος
       Θεωγ[είνο]υ· ἔσχον ὑπὲρ
       Ἀιῶν Σαραπίωγος ὑπὲρ
       δωδεκάτης ἰνδικτίονος
       ὑπὲρ μ[ι]σθοῦ ἑνὸς μηνὸς
  15   πλήρης. Πευκῆις βοηθ(ὸς) (τάλαντα) ἐξ[
       σεσημίωμαι.
```

2 *l.* δημόσιος Σελευκίου μονῶπος.    3. ὑπὲρ αἴωνις Pap.    3, 12. *l.* Ἀιῶνος.
4. *l.* μισθὸν?    6. *l.* Ἡρᾶ.    7. *l.* παρόντος.    16. *l.* σεσημείωμαι.

### *Translation*

Payni 15th. Aurelius Timotheos, agent of(?) Seleukios the one-eyed, riparius. I have received on behalf of Aion four months' wages for the twelfth indiction. I, Aurelius Theonas son of Heras, wrote for him, in his presence, because he is illiterate.

[6]

(3rd hand) Paid by Aion, for clothing of the 7th indiction(?) to Patermouthis, 3000 talents.

(2nd hand) Aurelius Antonius aide of Theoninos. I have received on behalf of Aion son of Sarapion, for the twelfth indiction, one month's wages in full. Peukeis, clerk, I have signed (this receipt for) 6000(?) talents.

## NOTES

2. It is difficult to decide whether -λευκιω or -λουκιω is written. The receipt appears to be addressed to this person (l. ῥιπαρίῳ in line 3), but the parallel of lines 10-11 and the frequent appearance of Aion as a taxpayer in these documents suggest the interpretation given in the apparatus and translation.

The rare and poetical adjective μονώψ comes as something of a surprise. The thought occurs that it may here be a name, but it is unprecedented as such.

9. The word lost in the space after ζ is presumably ἰνδ(ικτίονος) written in somewhat compressed form.

15. The end of the line is probably to be restored ἐξ[ακισχίλια (γίνεται) ’Ϛ.

## 4a

## RECEIPTS FOR TAXES IN KIND

Cornell papyrus
Inv ii, 36   32.5 × 26.5 cm.   312 and 319 A.D.

The papyrus, complete but rather damaged in the left half, contains two receipts for payments in wheat. The hand of the first receipt (lines 1-12) is a large, upright, flowing cursive with long flourishes on final α, σ, and ν. The date (lines 13-16) was added by a second hand in the wide margin to the left. In the blank space below this date a third hand wrote another receipt (lines 17-28) seven years later.

   Αὐρήλιοι Παλὲ καὶ Ἀτάμ[μ]ων καὶ οἱ κ(οινωνοὶ)
   ἀποδέκται ὅρμο[υ] Λευκογίου
   Αὐρηλίοις Πεληνίῳ καὶ Σελποῦς
   καὶ Ἰσιδώρῳ καὶ Ἥρωνι καὶ Ἀμμωνᾷ
5  ἀπὸ κώμης Καρανίδος χαίρειν·
   παρελάβαμεν παρ' ὑμῶν ἐν τῷ αὐτῷ
   ὅρμῳ Λευκογίου ἀπὸ λόγου κατασ-
   πορᾶς εἰκ[ο]στοῦ ἔτους πυροῦ σὺν (ἑκατοσταῖς)
   δέκα ἀρτάβας ἑκατὸν τριάκοντα
10  πέντε (ἀρτ.) ρλε μόνας, ἑτέρου
   συνβόλου μὴ ἐπιφερομένου. Αὐρήλιος
   Ἀτάμμων ἔγραψα τὰ ὅλα.
   In the left margin
   (2nd hand) ὑπατείας τῶν δεσποτῶ[ν
       ἡμῶν Κων[στ]αντίνου
15      καὶ Λικινίου Σεβαστῶν
       τὸ β— Ἀθὺρ η.

(3rd hand) ὑπατείας τῶν δεσποτῶ(ν) ἡμ(ῶν) Κωνστ[αντ]ί[νο]υ Σεβαστοῦ τὸ ε
   καὶ Λικινίου τοῦ ἐπιφανεστά[τ]ου Καίσαρος τὸ ᾱ
   Χοίακ κδ—. Αὐρήλιοι Ἁρποκρᾶς καὶ Σαραπίων
20  κα]ὶ Ἀπολλώνιος (καὶ) Συρίων ἀπαιτ[ητ]ὲ πόλεως
   Αὐρηλίοις Ἥρωνι καὶ Ἰσιδώρῳ χαίρειν·
   παρελάβαμε[ν παρ' ὑμῶ]ν ὑπὲρ κατασπορᾶς
   ταμιακῶν [ὀ]γ[δόης] ἰνδικτίονος πυροῦ
   ἀρτάβας ἓξ ἥμισυ (ἀρτ.) ϛ∠ μόνας. καὶ
25  τῇ κε⸗ ὁμοίως οἱ αὐτοὶ ὑπὲρ τῆς αὐτῆς
   ἰνδικτίονος [τα]μιακῆς κατασπορᾶς
   πυροῦ ἀρτάβης ἥμισυ (ἀρτ.) ∠ μόνην, ἑτέ-
   ρου συμβόλου πυροῦ ἀρτάβας ἑπτὰ μὴ ἐπιφ[ερ]ομ(ένου).
    Σαραπίων σεσ(ημείωμαι).

[8]

*Verso*

30 ἀποχὴ σίτου τῶν τῆ[ς] κατ‹ασπ›ορᾶς ταμιακ[ῶν.

3. *l.* Σελποῦτι.   4. ἰσιδ- Pap.   11. β written over π.   20. *l.* ἀπαιτηταί.   23, 26. ἰνδ- Pap.   28. *l.* ἀρταβῶν.

## Translation

Aurelii Pale and Atammon and their associate apodektai of Leukogion harbor to Aurelii Pelenios, Selpous, Isidoros, Heron, and Ammonas, from the village of Karanis, greeting. We have received from you in the said Leukogion harbor on account of the sowing of the twentieth year one hundred thirty-five artabs of wheat including (a surcharge of) ten hundredths, 135 art. total, no other receipt being applicable. I, Aurelius Atammon, wrote the whole.

(2nd hand) In the consulship for the second time of our masters Constantinus and Licinius Augusti, Hathyr 8th.

(3rd hand) In the consulship of our masters Constantinus Augustus, (consul) for the fifth time, and Licinius the most illustrious Caesar, (consul) for the first time, Choiak 24th. Aurelii Harpocras, Sarapion, Apollonios, and Syrion, apaitetai of the city, to Aurelii Heron and Isidoros, greeting. We have received from you, for the sowing of imperial lands of the eighth indiction, six and a half artabs of wheat, 6 1/2 art. total; and on the 25th, likewise the same persons for the same indiction, for imperial sowing, one-half artab of wheat, 1/2 art. total, no other receipt for seven artabs of wheat being applicable. I, Sarapion, have signed.

(*Docket on verso*)

Receipt of grain for the sowing of imperial lands.

## NOTES

8. εἰκ[ο]στοῦ ἔτους: On the continuation of dating by the regnal years of Galerius after his death, see PCair Isid 12, 3n. and 122, 5n.

8-9. σὺν (ἑκατοσταῖς) δέκα: This is presumably the same surcharge as that expressed by σὺν δεκάτα‹ι›ς in the contemporary receipts from Philadelphia in SB 7621, on which see Kase, p. 17, and U. Wilcken, *Archiv* 12 (1937), p. 99. Cf. also PCair Isid 45, 7n. and pp. 105, 214.

23, 26. On the meaning of ταμιεῖον and οὐσίαι ταμιακαί in this period, cf. WGr pp. 154-55, 162.

## 5-11a

After they had collected the tax grains in the village granary, the sitologoi were responsible (cf. **7**, 12) for seeing that the village quotas were delivered to the nearby river ports for transshipment to Alexandria. The actual work of conveyance was a liturgy imposed upon the village landholders, who performed the task in person or through representatives. The grain, in sacks, was loaded on donkeys (cf. **17** II), and each donkey-driver in the caravan received from the sitologoi a chit (usually an ostracon) indicating the amount he was transporting. The modalities of this stage of the grain transport are described in detail by L. Amundsen in a commentary on several such ostraca, OOslo pp. 40-59. The end of this stage is evidenced by **5-11a**, which show that upon arrival at the harbors the conveyors were given receipts for their deliveries by the "receivers" (ὑποδέκται) there. The receipts accumulated by a transporter or group of transporters over a series of years constituted a roll of considerable length (cf. **5**, 11a).

With the exception noted below, **5-11a** consist entirely of such receipts for harbor deliveries. While most of the receipts are for deliveries of wheat or barley, a few record the delivery of chaff or meat; these latter commodities were presumably not shipped to Alexandria but consumed locally, no doubt by the military stationed in the vicinity. The deliveries were made ἐν ὅρμῳ πόλεως (Arsinoë) or ἐν ὅρμῳ Λευκογίου (to the south, in the Heracelopolite nome); receipts issued by the hypodektai at Leukogion usually specify the boat onto which the grain was delivered.

The usual formula of these receipts is παρήνεγκεν (occasionally κατέβαλεν) ὁ δεῖνα ὑπὲρ x ἰνδικτίονος κωμητῶν Καρανίδος. The receipts in **5**, 1-7, 20-25, and 50-55 (cf. also 30-33 and **11a**, 162-66) employ the formula ἔσχαμεν παρά σου, and are issued by "receivers of the village of Karanis," ὑποδέκται κώμης Καρανίδος. But hypodektai were not village officials; they were municipal officials drawn from the bouleutic (curial) class (cf. F. Oertel, *Die Liturgie*, pp. 222-25). Moreover, the hypodektai Atisios and Sabinus of **5**, 30-33, recur in **11a**, 150-53, where they are styled ὑποδ(έκται) ὅρμου Λευκογίου. PCair Isid 47, 38-39, shows that the harbor hypodektai functioned in teams, each responsible for a pagus of the nome. Obviously, then, the expression "hypodektai of the village of Karanis" is merely an elliptical locution by which the hypodektai recorded the village within their pagus making the delivery: cf. PCair Isid 11, 56 (and note), where the editors aptly translate ἀποδέκταις Καρανίδος as "receivers for Karanis."[1]

The hypodektai fulfilled their function sometimes in person, but more often through

---

[1] It has been commonly accepted that there were village hypodektai in Egypt in the later Byzantine period: cf. F. Oertel, *Die Liturgie*, p. 225; G. Rouillard, *L'administration civile de l'Egypte byzantine*, p. 71. While such an administrative change is not inherently impossible (especially for villages granted *autopragia*), it is just as easy and historically more satisfactory to interpret the hypodektai who appear in PCair Masp and PLond V as collectors for the district in which Aphrodito was comprehended. PHamb 56, described by P. M. Meyer as an account of taxes collected by „der ὑποδέκτης des Dorfes" (PHamb I, p. 201), is also cited as evidence of the existence of a village hypodektes in the later period. But the text does not justify such an inference; on the contrary, the hypodektes of PHamb 56 quite clearly collected from more than one village: cf. *ibid.*, p. 198 note 2.

hired agents, whom we find signing most of the receipts. A σιτομέτρης, who is mentioned occasionally in the receipts, undoubtedly served to verify the amounts delivered. The amounts were further certified in the receipts issued to the hypodektai by the captains in whose boats the grain was laden; for examples of such receipts see PCair Isid 50.

Two other types of notations are found among the receipts in **5-11a**. Money payments of one solidus each are recorded in **11a**, 59, 156, and 176. Both **5** and **11a** end (on the verso) with two notations of grain delivered to epimeletai, who were also officials drawn from the bouleutic class of Arsinoë. One notation is for wheat delivered to the epimeletai of grain sent to Alexandria (**11a**, 201-6), the other three are for barley delivered to epimeletai of breadmaking, presumably for the local military forces.

The years to which these receipts belong are identified only by the numbers of the indictions for which the deliveries were made. All indiction numbers occur except 8 and 10. In the absence of regnal or consular dates or other reference points, indiction numbers are usually inadequate for dating purposes. But this body of receipts does afford a few additional clues for dating. In **5**, **7**, and **9**, the second and third indictions are qualified by the epithet νέα, which has so far not been found earlier than the indiction cycle beginning in 342 A.D. (BGU 917, PGen 11, PCairo Preis 39, St Pal II, p. 34). Then, too, the use of the expression κωμητῶν Καρανίδος for the earlier κώμης Καρανίδος points to a date after 322 A.D.: cf. PCair Isid 61, 14n. And the appearance in **5**, 34 and **11a**, 175 of Venaphris son of Ptollas, who figures also in **12**, also accords well with a date shortly after 322.

The year of the indiction, even when identifiable, cannot automatically be taken to be the year in which a given receipt was actually written. While most deliveries at the granaries and the harbors—made in the months of and immediately following the harvest (cf. PCair Isid pp. 78-79; Pachon to Choiak are recorded in **5-11a**)—would normally belong to current collections, it is necessary to allow for the possibility that a given delivery might, even without an explicit statement such as we find in **5**, 63-66, be a year or more in arrears. It may be noted in passing that arrears of grain deliveries were sometimes discharged in money: cf. **11a**, 174-76, PMerton 88, and Kase, p. 6, Table IV.

In the printed texts that follow, first and second hands are identified, where they occur, for each receipt separately. These designations are, therefore, not to be taken to mean that the same two hands appear in all the receipts. The number of clearly different hands is well over a dozen.

Translations under **5** illustrate the types of receipts and notations which, *mutatis mutandis*, recur throughout **5-11a**.

# 5

## RECEIPTS FOR DELIVERIES OF GRAIN

Inv xv, 39            27.5 × 71.5 cm.            328-31 or 343-46 A.D.

    This papyrus roll is complete, but has suffered some damage from worms and from surface abrasion. There are four κολλήματα, each having a usable width of ca. 18 cm. plus an overlap of ca. 3 cm. The hands are characteristic cursives of the period, that of Sarapion's scribe (Col. IV) being the most elegant. The interchange of ι and ει is common, and is not noted in the apparatus.

    The texts of the recto comprise, in four columns, ten receipts for grain delivered at the harbors. Col. I consists of a single receipt written at the bottom of the page with 11 cm. of blank papyrus to the left. Col. III has a blank space sufficient for another receipt between lines 33 and 34. Elsewhere receipts in the same column are separated by a blank space of ca. 2 cm.

    On the verso, on the back of Col. IV of the recto, is a single column of writing containing two notations of barley delivered to ἐπιμεληταὶ κριθῶν ἀρτοποιείας. These officials, councilmen of Arsinoë, collected assessments from the villages of the nome to provide bread rations for the troops: cf. PThéad 31 II.

### Col. I

Αὐρήλιοι Π[αντῆλ καὶ Ἀ]τῖσις καὶ Δημήτριος
ὑποδέκται [κ]ώμης Καρανίδος Αὐρηλίῳ
Ἀιῶν Σαραπίωνος ἀπὸ τῆς αὐτῆς
κώμης χαίρειν· ἔσχαμεν παρά σου
5    ὑπὲρ τετάρτης ἰνδικτίονος {π} σίτου
ἀρτάβας δέκα ὀκτώ (ἀρτ.) ιη μόνας.
    (2nd hand) Ἄππινος σεση(μείωμαι).

### Col. II

Ἐπὶφ κϛ. παρ(ήνεγκεν) Οὐαλέρ[ιο]ς Ἀντιουρίου
ἐν ὅρμου πόλεως ὑπὲρ τρείτης νέας ἰνδικτίονος
10    κωμητῶν Καρανίδος κριθῶν ἀρτάβας
τριάκοντα δύο ἥμισυ τρίτον δωδέκατον
(ἀρτ.) λβ ∠ γ ιο ⸗ μό(νας). Ἠλίας δι' ἐμοῦ Ῥωμανοῦ
σεσημίωμε κριθῶν (ἀρτ.) τριάκωντα δύω
ἥμισυ τρίτων δωδέκατων μώνας.

15    Θὼθ κα. παρ(ήνεγκεν) Οὐαλέριος Ἀντιουρίου
ἐν ὅρμου πόλεως ὑπὲρ τετάρτης
ἰνδικτίονος κωμητῶν Καρανίδος
κριθῶν ἀρτάβας εἴκοσι τρίτον δωδέκατον (ἀρτ.) κ γ ιο μ(όνας).
    Ἠλίας δι' ἐμοῦ Παύλου σε(σημείωμαι).

20    Αὐρήλιοι Παντῆλ καὶ Ἀτῖσις καὶ Δημήτριος
ὑποδέκται κώμης Καρανίδος Αὐρηλίῳ

Ἀιῶν Σαραπίωνος ἀπὸ τῆς αὐτῆς κώμης χα(ίρειν)·
ἔσχαμεν παρά σου ὑπὲρ τετάρτης ἰνδικτίονος
πυροῦ καθαροῦ ἀρτάβας δέκα τέσσαρες δίμυρον

25 (ἀρτ.) ιδ ⟆ μόνας. (2nd hand) Ἄππινος σεσ(ημείωμαι).

### Col. III

Θὼθ ιθ ⟋. παρ(ήνεγκεν) Οὐαλέριος Ἀντιουρίου ὑπὲρ ἑκκαιδεκάτης
ἰνδικτίονος κωμητῶν Καρανίδος πυροῦ καθαροῦ ἀρτάβας
ὀγδοοίκωντα μίαν (ἀρτ.) πα μ(όνας). Μακάριος καὶ Οὐράνιος
δι' ἐμοῦ Κυρίλλου σεσημίωμε (ἀρτ.) ὀγδοοίκοντα μίαν μό(νας).

30 Αὐρήλιος Ἀτίσιος Ἀντωνίου καὶ Σαβῖνος Ἀτισίου ὑποδέκ-
τοι Καρανίδος Αὐρηλίῳ Οὐαλέριος Ἀντιουρίου·
ἔσχον παρά σου ὑπὲρ λόγων Δημητρίου κριθῶν
ἀρτάβας ὀκτὼ (ἀρτ.) η μόνος. Παλήμων ἔγραψα.

Θὼθ ιθ ⟋. παρ(ήνεγκεν) Οὐενάφριος Πτολλᾶ ὑπὲρ ἑκκαιδεκάτης
35 ἰνδικτίονος κωμητῶν Καρανίδος πυροῦ καθαροῦ
ἀρτάβας ἑπτὰ ἥμισυ τρίτον δωδέκατον (ἀρτ.) ζ ∠ γ ιο μό(νας).
Μακάριος καὶ Οὐράνιος δι' ἐμοῦ Κυρίλλου σεση(μειώμεθα)
(ἀρτ.) ἑπτὰ ἥμισυ τρίτον δωδέκατον μό(νας).

### Col. IV

Ἐπὶφ κγ ⩽. παρ(ήνεγκεν) Οὐα[λέ]ρ[ιο]ς Ἀντιουρίου
40 ἐν ὅρμῳ πόλεως ὑπὲρ δευτέρας
ἰνδικτίονος κωμητῶν Καρανίδος
κριθῶν ἀρτάβας δώδεκα, κριθ(ῶν) (ἀρτ.) ιβ μόνας.
(2nd hand) Σαραπίων σεση(μείωμαι) κριθῶν ἀρτάβας δώδεκα
(3rd hand) Ἄμμων σιτομ(έτρης) ἐμετρησά(μην).

45 Ἐπὶφ κς ⩽. παρ(ήνεγκεν) Οὐαλέριος Ἀντιουρίου ἐν ὅρμῳ πόλεως
ὑπὲρ δευτέρας ἰνδικτίονος κωμητῶν Καρανίδος
κριθῶν ἀρτάβας τρῖς, κριθ(ῶν) (ἀρτ.) γ μόνας.
(2nd hand) Σαραπίων σεση(μείωμαι) κριθῶν ἀρτάβας τρῖς.
(3rd hand) Ἄμμων σιτομ(έτρης) ἐμετρησά(μην).

50 Αὐρήλιος Ἰσίδωρος Καναοῦτ καὶ Ἀτῖσις
Ἀντωνίου ὑποδέκτοι Καρανίδος
Αὐρηλίοι Ἀιῶν Σαραπίονος χαίρειν·
ἔσχαμεν παρά σου ὑπὲρ δευτέρας
ἰνδικτίονος κριθῆς ἀρτάβας δύο ἥμυσυ (ἀρτ.) β ∠ μόγας.
55 Αὐρήλιος Ἀντωνῖνος ἔγραψα.

*Verso*

χ(ει)ρ(όγραφον) κριθῶν ιδ ∫ ⟋ ἰνδικ(τίονος)
Διοσκορίωνος Ἀνίγου καὶ

Ἠλία Δωροθέου βουλ(ευτῶν) ἐπιμελ(ητῶν)
κριθῶν ἀρτοποιείας μηνὶ
60 {μηνὶ} Ἀθὺρ λ ⸗ τῆς ιδ ∫ ⸋ ἰνδικ(τίονος)
κωμητῶν Καρανίδος δι(ὰ)

Οὐαλερίου Ἀντιουρίου (ἀρτ.) η ∠ ⸋ μόνας.
χ(ει)ρ(όγραφον) κριθῶν ἐν χρώνοις ιε ∫ ⸋ ὑπὲρ
ιδ ∫ ⸋ ἰνδικτ(ίονος) Διογένους Εὐλογίου
65 ἐπιμελ(ητοῦ) κριθῶν ἀρτοποιείας
μηνὶ Παχὼν ζ ⸋ τῆς ιε ∫ ⸋ ὑπὲρ ιδ ∫ ⸋ ἰνδικ(τίονος)
κωμητῶν Καρανίδος δι(ὰ)
Οὐαλερίου Ἀντιουρίου (ἀρτ.) κγ μόνας.

2, 21. ὑποδ- Pap.   3, 22. αἴων Pap., *l.* Ἀιῶνι.   7. ο written over a second ν.   9, 16. *l.* ὅρμῳ.   13. *l.* σεσημείωμαι (so 29 for -μεθα), τριάκοντα δύο.   14. *l.* τρίτον δωδέκατον μόνας.   23. ὑπὲρ ἰνδ- Pap.   24. *l.* τέσσαρας δίμοιρον.   28, 29. *l.* ὀγδοήκοντα.   30, 50. *l.* Αὐρήλιοι.   30-31, 51. *l.* ὑποδέκται.   31. *l.* Οὐαλερίῳ   33. *l.* μόνας.   43, 48. *l.* Σαραπίων.   52. *l.* Αὐρηλίῳ Ἀιῶνι Σαραπίωνος.   54. *l.* ἥμισυ.   63. *l.* χρόνοις.

### Translation

(Lines 1-7) Aurelii Pantel, Atisis, and Demetrios, hypodektai for the village of Karanis, to Aurelius Aion son of Sarapion, from the said village, greeting. We have received from you for the fourth indiction eighteen artabs of grain, 18 art., total. (2nd hand) I, Appinus, have signed.

(Lines 8-14) Epeiph 26th. Valerius son of Antiourios has delivered in the city harbor for the third new indiction, (for the account) of the villagers of Karanis, thirty-two and eleven-twelfths artabs of barley, 32 11/12 art., total. I, Elias (through me, Romanus), have signed for thirty-two and eleven-twelfths artabs of barley, total.

(Lines 56-62) Notation of barley of the 14th indiction (received by) Dioskorion son of Aninos and Elias son of Dorotheos, bouleutai, epimeletai of barley for breadmaking, on the 30th of the month of Hathyr of the 14th indiction (for the account) of the villagers of Karanis through Valerius son of Antiourios, 8 1/2 art., total.

### NOTES

32. ἔσχον: cf. **3**, 4n.

# 6

## RECEIPT FOR DELIVERY OF MEAT

Inv xv, 49h　　　　　　　　　27.5 × 8.8 cm.　　　　　　　　328 or 343 A.D.

Two joining fragments make a complete sheet of papyrus containing a receipt for delivery of a payment of meat by the village of Karanis. The receipt is written on the upper third of the sheet in a fairly large, rather coarse, slanting hand quite different from that which signs for (presumably) the same collector in **11a**, 99.

  Μεχεὶρ κθ. παρ(ήνεγκεν) Οὐα[λέρ]ιος
  Ἀντιουρίου κωμητῶν Καρα-
  νίδως ὑπὲρ πρώτης ἰνδικτίο-
  νος κρέως λί(τρας) κε μόνας. Ἡλίας
5     σεση[μί]ωμε.

  2. κ of κωμητων written over ου.　　3. l. -νίδος.　　5. l. σεσημείωμαι.

## 7

## RECEIPT FOR DELIVERY OF WHEAT

Inv xv, 49b                     25 × 11.3 cm.                     329 or 344 A.D.

The papyrus is much damaged. The writing has practically disappeared from the upper half of the sheet, which apparently contained two receipts for deliveries of foodstuffs. The hand is upright, small, and rather cramped.

          ]. . /. παρήνεγκεν[
          (traces of 10 lines)
          Παῦνι κη. παρήνεγκεν Ἥρων καὶ κοι(νωνοὶ) σιτολ(όγοι)
          Ἱερᾶς Καρανίδος δι(ὰ) Ὠ[ρίωνο]ς Οὐαλερίου ὑπὲρ
          δευτέρας νέας ἰνδικτίονος κωμητῶν
15   πυροῦ καθαροῦ ἀρ[τά]β[η]ν μίαν τρίτον δωδέκα-
      τον (ἀρτ.) α γ ιο μό(νας). (2nd hand) Σουχιδᾶς σεσ(ημείωμαι).
          (3rd hand) ± 7 σεσ(ημείωμαι).

12. *l.* παρήνεγκαν.

# 8

## RECEIPT FOR DELIVERY OF GRAIN

Inv xv, 49c        10 × 12.5 cm.        328/9 or 343/4 A.D.

Written in an upright, unusually skilled and careful hand, this fragment of a receipt for delivery of grain is one of two texts in this group that bear Christian symbols (cf. also **10**, intr.). On the abbreviation χμγ, the meaning of which is still uncertain, see PMerton 94, in., and A. D. Nock, *Speculum* 26 (1951), p. 505 note 11. Other instances of this Christian symbol in papyri as early as the fourth century are found in several Michigan documents, also from Karanis: PMich 378 (where cf. in.) and 519, and *Aegyptus* 33 (1953), pp. 17-23.

```
        χμγ
   τῶν ἀπὸ ἐξ ἀρχῆς ἕ[ως
   παρ(ήνεγκε) Παήσιος Σακαῷ[νος ἰδίου (?)
   ὀνόμ(ατος) ἐν ὅρμου πόλ[εως ὑπὲρ δευ-
5  τέρας ἰνδ(ικτίονος) κωμῶ(ν) Κ[(αρανίδος) Καινοῦ
   ἀρ(τάβας) τριάκοντα ἐξ (ἀρτ.) λ[ϛ μόνας.
   - - - - - (broken) - - - - -
```

4. *l.* ὅρμῳ.        5. *l.* κωμῶν.

### NOTES

2. The phrase is unprecedented, though the sense seems clear enough: cf. e.g. OMich 462, τῶν ἀπὸ Παῦνι β ἕως κ.

5. For the restoration cf. **10**, 7 and 11-12.

[17]

## 9

## RECEIPTS FOR DELIVERIES OF WHEAT

Inv xv, 4                  23 × 14.5 cm.                  330 or 345 A.D.

The papyrus is complete. The writing is on the verso, and the recto is blank. The two hands (lines 1-5 and 6-13) are very similar: rapid, angular, slightly slanting

       Ἐπεὶφ θ. παρήνεγκεν Ἀντιοῦρις Ἀβοῦ ὑπὲρ
       τρίτης νέας ἰνδικτίονος κωμητῶν Καρα-
       νίδος πυροῦ καθαροῦ ἀρτάβας πέντε ἥμυσυ
       τρίτον δωδέκατον (ἀρτ.) ε ∠ γιβ μόνας.
5    Ἰσίων .αε.ρημων σεσημ(είωμαι).
       καὶ τῇ ιβ . ὁμοίως ὁ αὐτὸς ὑπὲρ τρίτης
       νέας ἰνδικτίονος κωμητῶν Καρανίδος
       πυροῦ καθαροῦ ἀρτάβας δύο (ἀρτ.) β μόνας.
          Φιλέας σεσημ(είωμαι). Πάτρων σεσημ(είωμαι).
10   Ἐπεὶφ κ . παρήνεγκεν Ἀντιοῦρις Ἀβοῦ
       ὑπ[ὲ]ρ τρίτης νέας ἰνδικτίονος κωμητῶν
       Πτολεμαΐδος Καρανίδος πυροῦ καθαροῦ ἀρτάβ(ης) [ἥ]μισου
       τρίτον (ἀρτ.) ∠ γ μόνας.     Φιλέας σεσημ(είωμαι).
                               Πάτρων σεσημ(είωμαι).

3, 12. l. ἥμισυ.      5. In the undeciphered word or name the first letter appears to be β, and the letter before ρ looks like υ or γ.

## 10

## RECEIPTS FOR DELIVERIES OF GRAIN

Inv xv, 48         30.5 × 28.5 cm.         331 or 346 A.D.

The remnants of two lines of a second column show that this badly torn and abraded papyrus originally formed part of a roll of receipts. Of the three receipts preserved here, the first two are in an upright, elegant, flowing cursive, the third in a smaller, narrower hand written with a very thin pen. In line 12 the signature of Diogenis is preceded by the Christian *crux ansata*: cf. χμγ in **8**.

    Μεσ]ωρὴ κζ. παρ(ήνεγκεν). . . .[
    ὑπὲρ ]τρίτης ἰνδικτί[ονος
    εἰκο]στῆς ἀρ(τάβας) τριάκωντα
    ]. ὑπ[ο]δ(έκτης) σε(σημείωμαι).

5  τῶν ἀπὸ ἐξ (blank) ἕως Μεσωρὴ κζ. παρ(ήνεγκεν)
    Κακακαμμῶνις Σακαῶνος ἐν ὅρμου πόλεως
    ὑπὲρ τρί[της] ἰν[δι]κτ[ίο]νος κωμῶν Κ(αρανίδος) Καινοῦ
    σίτου σὺν [εἰκοσ]τῆς ἀρ(τάβας) δύο ἥμισοι (ἀρτ) β ∠ μ(όνας).
    .[.]. . της ὑποδ(έκτης) σε(σημείωμαι)
    (3 lines smudged out)

10  τῶν ἀπὸ ἐ]ξ ἀρχῆς ἕως Ἐπὶφ ια. παρήνεγκεν Παῆσι[ο]ς Σακαῶνος
    .].[. . . .].[.].ν Παησίου ἐν ὅρμου πόλεως ὑπὲρ τετάρτης ἰνδικ(τίονος) κωμῷ(ν)
    Κ(αρανίδος)
    Κ[αιν]ο[ῦ] σίτου σὺν εἰκωστῆς ἀρ(τάβας) τριάκοντα ἐξ (ἀρτ.) λς μόνας. ✝Διογένις
    ὑπ]οδέκ(της) σισημίομαι . . . .[.].[

1, 5. *l.* Μεσορὴ.   3. *l.* τριάκοντα.   6, 11. *l.* ὅρμῳ.   3, 8, 12. *l.* εἰκοστῇ.   13. *l.* σεσημείωμαι.

### NOTES

3, 8, 12. On the charge of one-twentieth see PMich VI, pp. 102-3.

7 and 11-12. The reading κωμων (κωμητων or κωμητ(ων) is not possible) κ/καινου is clear. The printed text, while not assured by any parallel occurrence, gives the only resolution that I am able to offer. The village of Kainos near Karanis is well known.

11. The beginning of the line may perhaps be restored δ]ι(ὰ) [τῶν παίδ]ων Παησίου, i.e. delivery made for Paësios by sons.

13. Shredding of the fibres interferes with the reading of the end of the line. (ἀρτ.) λς, which one expects, is clearly not there, though ( ) εξ is not impossible. One thinks also of δ(ι)' ἐμοῦ τοῦ δεῖνα, but δ/ is equally impossible to read.

[19]

## 11

## RECEIPTS FOR DELIVERIES OF WHEAT

Inv xv, 44                        28.5 × 18 cm.                        333 or 348 A.D.

The papyrus is complete but badly mutilated at top and bottom. Only the upper third of the recto is written upon. The hand is a rapid slanting cursive. To the left of line 8 are visible the final strokes of three lines of a preceding column, ending σεσ(ημ.).

    Θὼθ κα. παρ(ήνεγκεν) ['Α]ι̣[ῶν Σαραπί]ωνος
    ἐν ὅρμῳ Λευκογί[ου ὑπὲρ ἑβδό]μης ἰνδικ(τίονος)
    κωμ(ητῶν) Καρανίδος [πυ]ρο̣ῦ καθαροῦ ἀρτάβα[ς] ἕνδ[εκα
    δίμυρων (ἀρτ.) ια 𐅵 [μό(νας)]. Ἰσίδωρος ἐμετρ(ησάμην).
5  Φαῶφι κδ. παρ(ήνεγκεν) Αἰῶν Σαραπίωνος ἐν ὅρμῳ
    Λευκογίου ὑπὲρ ἑβδόμης ἰνδικ(τίονος) κωμ(ητῶν)
    Καρανίδος πυροῦ καθαροῦ ἀρτάβας δύο ἥμισοι
    τρίτον δωδέκατον (ἀρτ.) β ∠ γι̅β̅ μό(νας). Ἰσίδωρος ἐμ̣ε̣τρ(ησάμην).

    4. *l*. δίμοιρον.     7. *l*. ἥμισυ.

[20]

## 11a

## RECEIPTS FOR DELIVERIES OF GRAINS, ETC.

British Museum
papyrus 2696          28 × 167 cm.          323-27 or 338-42 A.D.

Damage to this well-preserved roll is relatively small. The recto contains a series of receipts, mostly for grain delivered at Leukogion harbor by Valerius son of Antiourios and Aion son of Sarapion. Lines 11-19 are written over earlier effaced writing, of which a monogram like that for χ(ει)ρ(όγραφον) is still visible to the left of line 11 and below line 19. Receipts in the same column are usually separated by a space of 1-2 cm.; larger blank spaces (3.5-9 cm.) occur after lines 54, 72, 95, 112, 156, 166, 177, and 180.

The verso contains writing on the back of the first recto columns. Column I is a summary of some of the deliveries recorded on the recto, while Columns II-IV are additional receipts and notations.

Col. I

Μεσορὴ ἐπαγομέ[νων] ε. παρ(ήνεγκεν) Οὐαλέριος Ἀντιουρίου
ὑπὲρ ἐνδεκάτης ιαʃ ἰνδικτίονος κωμητῶν Καρανίδος
πυροῦ καθαροῦ ἀρτάβας εἴκοσι ἓξ ἥμισυ δωδέκατον
(ἀρτ.) κς ∠ ιο̄ μόν(ας). Ἡρώδης καὶ Οὐράνιος καὶ Κλη-
5          μάτιος σεση(μειώμεθα).

Ἐπεὶφ θ. παρ(ήνεγκεν) Ἀειῶν Σεραπίωνος κωμητῶν
Κερανίδος ὑπὲρ δωδεκάτης ἰνδικτίωνος
κρέως λίτρας ἕνδεκα (λί.) ια μόνας. Ἠλίας
         δι' ἐμοῦ Σερηνιανοῦ σεση(μείωμαι).

10 Παῦνι ια ⸗ (ἀρτ.) νε 𐆇.
Παῦνι ια. παρ(ήνεγκεν) Οὐαλέριος Ἀντιουρίο[υ] ἐν ὅρμῳ
Λευκογίου εἰς πλ(οῖον) Ἀλεξανδρ... ὑπὲρ τρισκαιδεκάτης
ἰνδικ(τίονος) κωμ(ητῶν) Καρανίδος πυροῦ καθαροῦ ἀρτάβας
πεντήκοντα πέντε δίμυρων (ἀρτ.) νε 𐆇 μ(όνας).
15 καὶ εἰς πλ(οῖον) Πα...ικα ὁ αὐτὼς πυροῦ καθαροῦ ἀρτάβας
εἴκοσι μίαν δίμυρων (ἀρτ.) κα 𐆇 μό(νας). Ἰσίδωρος σε(σημείωμαι).
καὶ τῇ ιζ. ὁμοίως ὁ αὐτὼς Οὐαλέριος Ἀντιουρίου
ὑπὲρ τῆς ⟨αὐτῆς⟩ ἰνδικ(τίονος) κωμ(ητῶν) Καρανίδος πυροῦ καθαροῦ ἀρτάβας
δέκα ὀκτὼ ἕκτον (ἀρτ.) ιη ϛ⸗ μό(νας). Ἰσίδωρος σε(σημείωμαι).

(In the space between columns I and II)
20 κατέβαλεν Ἀιῶν Σεραπίων
διὰ Σαβίνου κεφ(αλαιωτοῦ) ὑπὲρ
δωδεκάτης ἰνδικτί(ονος)
κριθῆς ἀρτάβας
δύο (ἀρτ.) β μ(όνας).

[21]

### Col. II

25 Παῦνι κε. παρ(ήνεγκεν) Οὐαλέριος Ἀντιουρίου ἐν ὅρμῳ
Λευκογίου εἰς πλ(οῖον) Γενναδίου ὑπὲρ τρισκαιδεκάτης
ἰνδικ(τίονος) κωμ(ητῶν) Καρανίδος πυροῦ καθαροῦ ἀρτάβας
δέκα δύο ἕκτον (ἀρτ.) ιβ 𐅵 ⸗ μόν(ας). Ἰσίδωρος σε(σημείωμαι).

Μεσορὴ ι. παρ(ήνεγκεν) Οὐαλέριος Ἀντιουρίου ἐν ὅρμῳ
30 Λευκογίου εἰς πλ(οῖον) Ἄμμωνος ὑπὲρ δωδεκάτης
ἰνδικ(τίονος) κωμ(ητῶν) Καρανίδος πυροῦ καθαροῦ ἀρτάβας
ἑπτὰ ἥμισοι δωδέκατον (ἀρτ.) ζ 𐅵 ιο̄ μ(όνας).
    Ἰσίδωρος σε(σημείωμαι).

Μεσορὴ ιθ ⸗. παρ(ήνεγκεν) Ἀιῶν Σαραπίωνος
35 ἐν ὅρμῳ Λευκογίου ὑπὲρ δωδεκάτης ἰνδικ(τίονος)
κωμ(ητῶν) Καρανίδος πυροῦ καθαροῦ ἀρτάβας
δύο ἥμισυ τρίτον (ἀρτ.) β 𐅵 γ ⸗ μόνας.
Εὐδαίμων καὶ Δημῆτρις σεσημ(ειώμεθα) ἀρτάβας
    δύο ἥμισοι τρίτων μόνας.
40 (2nd hand) Παππίον ἐμετρησά(μην).

Ἁθὶρ κ. παρ(ήνεγκεν) Ἀιῶν Σαραπίωνος ὑπὲρ τρισκαι-
δεκάτης ἰνδικ(τίονος) κωμ(ητῶν) Καρανίδος ἀχύρου
λί(τρας) ἑκατὸν εἴκοσι λί(τρας) ρκ ∫. Διοσκορίδης δι' ἐμοῦ
    Συρίω(νος) σε(σημείωμαι).
45 κ[αὶ] δι̣(ὰ) Οὐαλερίου Ἀντιουρίου λί(τρας) ἑκατὸν εἴκο̣σ̣ι̣ λί(τρας) ρκ.
    Διοσκορ[ίδ]ης δι' ἐμοῦ Συρίωνος σε(σημείωμαι).

### Col. III

ἐπαγομένον δ. παρ(ήνεγκεν) Ἀιῶν Σαραπίωνος
κωμητ(ῶν) Καρανίδος ὑπὲρ τρισκεδεκάτης
ἰνδικ(τίονος) ἀχύρου λίτρας ἑξακοσίας μόνας.
50     Πολίων σεσημίωμαι.

Θὼθ η. παρ(ήνεγκεν) Ἀιῶν Σεραπίωνος
κωμητῶν Καρανίδως ὑπὲρ τρισκεδε(κάτης)
ἰνδικτείωνος ἀχύρου λείτρας <ἑκατὸν δέκα> (λί.) ρι
    μόνας. Πωλίων σε(σημείωμαι).

55 Θὼθ α. παρ(ήνεγκεν) Οὐαλέριος Ἀντιουρίου ἐν ὅρμῳ Λευ-
κογίου ὑπὲρ κωμητῶν Καρανίδος ὑπὲρ τρισκε-
δεκάτης ἰνδικτίωνος κριθῶν ἀρτάβας ἓξ (ἀρτ.) 𐅵.
    Παππίον ἐμετρησά(μην).

Σαβῖνος Μιὸς χρυσίου νομισμάτιον ἓν ὑπὲρ λίνου.

60 κατέβαλεν Οὐαλέρις Ἀντιουρίου διὰ Κάστορος Πτολεμέου
ὑπὲρ τρισκεδεκάτης ἰνδικτ(ίονος) κριθῆς ἀρτάβας τρῖς ἥμισοι
(ἀρτ.) γ 𐅵 μ(όνας). Ἀμῶνις σεση(μείωμαι).

## Col. IV

Θὼθ ιγ ⸗. παρ(ήνεγκεν) Ἀιῶν Σαραπίωνος
ὑπὲρ τρισκεδεκάτης ἰνδικτίωνος
65 κωμητῶν Καρανίδος κριθῶν
ἀρτάβας δέκα ὀκτὼ ἥμισοι, κριθ(ῶν) (ἀρτ.) ιη ∠
μόνας. (2nd hand) Ἐπιφάνιο(ς) σεσσημοί(ωμαι).

Χοίακ ι ⸗. παρ(ήνεγκεν) Ἀειῶν Σαραπίωνος ὑπὲρ
κωμ(ητῶν) Καρ(ανίδος) ἐν ὅρμου Λευκογίου εἰς στα(τιῶνα) Πτευκαρυ
70 ὑπὲρ τρισκεδεκάτης ἰνδικτίωνος κριθῶν
ἀρτάβας τρῖς ἕκτον (ἀρτ.) γϚ ⸍ μόνας. Μωσῆς
ἐμετρη(σάμην) καὶ ἑτέρας ἀποχῆς μὴ ἐπιφ(ερομένης).

Ἐπείφ κϚ ⸗. παρ(ήνεγκεν) Ἀπφοῦς Παιανοῦ ὑπὲρ τεσσαρεσ-
καιδεκάτης ἰνδικτίονος κωμητῶν Καρα-
75 νίδος πυροῦ καθαροῦ ἀρτάβας τρεῖς (ἀρτ.) γ μό(νας).
(2nd hand) Μακάριος καὶ Ἡρώδης ὑποδέκτε ὅρμου πό(λεως) ἐμ(ετρησάμεθα).
(1st hand) καὶ τῇ κη ⸗. ὁ αὐτὸς Ἀπφοῦς Παιανοῦ ὑπὲρ τεσσαρεσ-
καιδεκάτης ἰνδικτίονος κωμητῶν Καρανίδος πυροῦ
καθαροῦ ἀρτάβας πέντε ἥμισυ τέταρτον (ἀρτ.) εϚ ⸗ μό(νας).
80 (2nd hand) Μακάριος καὶ Ἡρώδης ὑποδέκτε ὅρμου πόλεως σεσημ(ειώμεθα)
ἀρτάβας πέντε ἥμισοι τέταρτων.

## Col. V

Ἐπείφ κϚ ⸗. παρ(ήνεγκεν) Οὐαλέριος Ἀντιουρίου ὑπὲρ τεσσαρες-
καιδεκάτης ἰ[νδ]ικτ[ί]ονος κωμητῶν Καρανίδος
πυροῦ καθαροῦ ἀρτάβας ἑξήκοντα μ[ί]αν τρίτον
85 δωδέκατον (ἀρτ.) ξα γ ιο μ(όνας). (2nd hand) Μακάριο[ς] καὶ Ἡρώδης
ὑποδέκτε ὅρμου πόλεως ἀρτάβας ἑξήκωντα μίαν
τρίτων δοδέκατων ἐμ(ετρησάμεθα).

καὶ τῇ κη ⸗. ὁ αὐτὸς Οὐαλέριος Ἀντιουρίου ὑπὲρ τεσσαρεσκαι-
δεκάτης ἰνδικτίονος κωμητῶν Καρανίδος
90 πυροῦ καθαροῦ ἀρτάβας ἓξ (ἀρτ.) Ϛ μό(νας). (2nd hand) Μακάριος καὶ Ἡρώδης
ὑποδέκτε ὅρμ‹ο›υ πόλεως ἀρτάβας ἓξ ἐμ(ετρησάμεθα).

καὶ Μεσορὴ ιγ ⸍. παρ(ήνεγκεν) Οὐαλέριος Ἀντιουρίου ὑπὲρ τεσσαρες-
καιδεκάτης ἰνδικτίονος κωμητῶν Καρανίδος
πυρο[ῦ κ]αθαροῦ ἀρτάβας ἓξ (ἀρτ.) Ϛ μό(νας). (2nd hand) Μακάριος
95 ὑποδέκτης ὅρμου πόλ(εως) ἐμ(ετρησάμην).

Ἐπείφ κθ ⸍. παρ(ήνεγκεν) Οὐαλέριος Ἀντι‹ου›ρίου κωμη(τῶν)
Καρανίδος ὑπὲρ τεσσαρεσκαιδεκάτης
ἰνδικτίονος κρέως λίτρας τριάκοντα πέντε (λί.) λε μόνας.
(2nd hand) Ἡλίας σεσημίωμε κρέως λίτρας τριάκωντα πένται μ(όνας).

## Col. VI

100 Ἐπεὶφ ιϛ ⦃. παρ(ήνεγκεν) Αἰῶν Σαραπίωνος ὑπ[ὲρ τε]σσαρεσ-
καιδεκάτης ἰνδικτίονος κωμητ[ῶν Κ]αρανίδος
κριθῶν ἀρτάβας δέκα ἑπτὰ ἡμι[σ]υ [(ἀρτ.)] ιζ∠ ⸗ μό(νας). (2nd hand) Μακάρ[ι]ος
καὶ Ἡρώδης ὑποδέκτε ὅρμου πόλε[ως] κριθῶν ἀρτάβας
δέκα ἑπτὰ ἥμισοι ἐμ(ετρησάμεθα).

105 Ἐπεὶφ ιγ. παρ(ήνεγκεν) Οὐαλέριος Ἀντιουρίου ὑπὲρ πεντηκαι-
δεκάτης ἰνδικτίονος κωμητῶν Καρανίδως
κριθῶν ἀρτάβας ἓξ (ἀρτ.) ϛ μώνας.
Ἠλίας δι' ἐμοῦ Ῥωμανοῦ σεσημίωμε (ἀρτ.) ἓξ μόνας.

Μεσορὴ ιγ‾. παρ(ήνεγκεν) Αἰῶν Ἀειλῶνος ὑπὲρ τεσσαρεσ-
110 καιδεκάτης ἰνδικτίονος κωμητῶν Καρανίδος
πυροῦ καθαροῦ ἀρτάβην μίαν ἥμισυ τέταρτον (ἀρτ.) αδ̄ μ(όνην).
(2nd hand) Μακάριος ὑποδέκτης ὅρ(μου) πόλεως ἐμ(ετρησάμην).

Παχὼν ιγ‾. κατέβαλεν Αἰῶν Σαραπίωνος
ἐν ὅρμῳ Λευκογίου ἐν πλ(οίῳ) Ἀπάμμωνος
115 ὑπὲρ τεσσαρεσκαιδεκάτης ἰνδικτίονος
κωμητῶν Καρανίδος πυροῦ
καθαροῦ ἀρτάβας τρῖς (ἀρτ.) γ μόνας.
δι' ἐμοῦ Ἄμμωνος {καὶ} Σουχιδᾶς σεσημ(είωμαι).
ἑτέρας ἀποχῆς ἢ ἐνταγίου μὴ ἐπιφερομένων τῶν
120 προκιμένων τῷ πλοίῳ ἀρταβῶν τριῶν.

## Col. VII

Θὼθ [ ] ⦃. [κατ]έβαλεν Α[ἰῶν] Σαραπίωνος
ἐν ὅρμ[ῳ Λ]ευκογίου εἰς π[λ(οῖον)] Ἐ]πιτιμίου
Ψάε[ι ὑπ]ὲρ τεσσαρες[κ]εδε[κ]άτης ἰνδικτίονος
κωμητῶν Καρανίδος πυροῦ καθαροῦ
125 ἀρτάβας ἓξ δωδέκατον (ἀρτ.) ϛ ιβ μόνας.
δι' ἐμοῦ Ἄμμωγος Σουχιδᾶς σεσημ(είωμαι).

Μεσορὴ κγ ⦃. παρ(ήνεγκεν) Οὐαλέριος Ἀντιουρίου ὑπὲρ πεντηκαιδεκάτης
ἰνδικτίονος κωμητῶν Καρανίδος πυροῦ καθαροῦ ἀρτάβας
πεντήκωντα τέσσαρες τρίτον δωδέκατον (ἀρτ.) νδ γ ιβ μ(όνας).
130 (2nd hand) Σαραπίον σεσημί(ωμαι) ἀρτάβας πεντήκοντα τέσσαρες
τρίτον δοδέκατον.

Μεσορὴ κε/. παρ(ήνεγκεν) Οὐαλέριος Ἀντιουρίο̣[υ] κωμητῶν
Καραγίδος ὑπὲρ πεντηκαιδεκάτης [ἰ]νδικτίονος
κριθῶν ἀρτάβας εἴκοσι τρῖς ἥμισοι δωδέκατο‹ν› (ἀρτ.) κγ ∠ ιβ ⦃ μ(όνας).
135 Διογένης πρόεδρος δι' ἐμοῦ Γομοθεα σεσ(ημείωμαι).

ἐπαγομένων γ ⦃. παρ(ήνεγκεν) Οὐαλέριος Ἀντιουρίου ὑπὲρ ἑνδεκάτης ἰνδικ(τίονος)
ια ʃ ⦃ κωμητῶν Καρανίδος πυροῦ καθαροῦ ἀρτάβας δύο ἥμισυ τρίτον

δωδέκατον (ἀρτ.) β ∠ γ ιο μ(όνας).(2d h.) Σαραπίον σεσημί(ωμαι) ἀρτάβας δύο ἥμισυ
τρίτον δοδέκατον. (1st hand) ἐπαγομένων ε ≥. παρ(ήνεγκεν) Οὐαλέριος
140 Ἀντιουρίου ὑπὲρ ἐνδεκάτης ἰνδικτίονος κωμητῶν Καρανίδος πυροῦ
καθαροῦ ἀρτάβας δύο ἥμισυ δωδέκατον (ἀρτ.) β ∠ ιο μ(όνας).(2d h.) Σαραπίον
  σεσημί(ωμαι)
σίτου ἀρτάβας δύο ἥμισυ δοδέκατον.

## Col. VIII

Μεσορὴ κ. παρήνηγκεν Οὐαλέριος
Ἀντιουρίου ὑπὲρ πεντηκαιδεκάτης
145 ἰνδικ(τίονος) κωμητῶν Καρανίδος πυροῦ
καθαροῦ ἀρτάβας τριάκοντα ἓξ τρί(τον) δωδέκατον
{τον} (ἀρτ.) λϛιο ≥ μόνας, ἐνταγίου μὴ
ἐπιφερομένου. (2nd hand) Οὐράνιος ὑποδέκτης
ὅρμου πόλεω‹ς› σεσημίω(μαι) ἀρτάβας τριάκοντα ἓξ τρίτον δωδέκατον μό(νας).

150 Χοίακ ≥ ε. κωμητῶν Καρανίδος Ἀιῶν Σαραπίωνος Ἀτισίου
καὶ Σαβίνου ὑποδ(έκτων) ὅρμου Λευκωγίου ὑπὲρ πεντηκαιδεκάτης
ἰνδικτίονος πυροῦ καθαροῦ ἀρτάβας πέντη ἥμισυ δοδέκατων (ἀρτ.) ε∠ ιο ≥ μόν(ας).

κατέβ[α]λεγ Ἀιῶν Σεραπείον διὰ Σαβίγου καὶ Ἀτισίου ὑποδέκτη
ὑπὲρ τῆς αὐτ]ῆς ἰνδικτ(ίονος) πυροῦ καθ[αροῦ ἀρτά]βας ἐννέα (ἀρτ.) θ μόγ(ας).
155 ....]μις δι' ἐμο[ῦ] Ἀ[μ]μονίου ὑπ[ὲρ] τῆς αὐτῆς ἰγδικ(τίονος)
χρυ(σίου) νομισμάτιον ἓν ν[ομισμ.)] α, (ἀρτάβας) ˊ[ὀ]κτὀˊ (ἀρτ.) η μό(νας).
Ἀμῶνις σες(ημείωμαι).

## Col. IX

157 ἐπαγομένων γ ≥. παρ(ήνεγκεν) Οὐενάφρις Πτολλᾶ
ὑπὲρ πεντηκαιδεκάτης ἰνδικτίονος κωμητῶν
Καρανίδος πυροῦ καθαροῦ ἀρτάβας δύο ἥμισυ τρίτον
160 δωδέκατον (ἀρτ.) β ∠ γιο μ(όνας). (2nd hand) Σαραπίον σεσημί(ωμαι)
ἀρτάβας δύο ἥμισυ τρίτον δοδέκατον.

Αὐρήλιος Ἀβοῦς (καὶ) Σαβῖνος Ἀτισίου
ἀποδέκτοι Αὐρηλίῳ Οὐαλέριος Ἀντιου-
ρίου χέρ(ειν)· ἔσχον παρά σου ὑπὲρ πεντη-
165 κετεκάτης ἰντικτίονος πυροῦ καθαροῦ
ἀρτάβην μία‹ν› (ἀρτ.) α μόνος. Παλήμω‹ν› ἔγραψα.

Φαῶφι ≥ ις. παρ(ήνεγκεν) Οὐαλέριος Ἀντιουρίου ἐν ὅρμου Λευ-
κογίου ὑπὲρ πεντηκεδεκάτης ἰνδικτίωνος
κωμ(ητῶν) Καρανίδος εἰς πλοῖ(ον) Ἀλεξάνδρου Βησᾶ
170 πυροῦ καθαροῦ ἀρτάβας δύω ἥμισοι τρίτον
    (ἀρτ.) β∠ γ ≥. Σουχιδᾶς σεσ(ημείωμαι).
καὶ δι(ὰ) Ὡρίωνος Οὐαλ‹ε›ρίου εἰς τὸ αὐτὸ πλοῖ(ον) ἀρτάβας
δύω ἥμισοι τρίτον (ἀρτ.) β ∠ γ ≥ μόνας. Σουχιδᾶς σεση(μείωμαι).

## Col. X

κατέβ[αλεν Ἀ]ιῶν Σεραπείου [ὑ]πὲρ
175 ἐνάτ[η]ς [ἰνδι]κτ(ίονος) δωθέντα [ἡμ]ῖν
ὑπὲρ λοιπάδων χρυ(σίου) νομ(ισμάτιον) α (ἀρτ.) η μό(νας).
Ἀμῶνις σεση(μείωμαι).

Φαῶφι ⸍ κα. κωμ(ητῶν) Κ[αραν]ίδος δι(ὰ) Οὐαλερίου
Ἀντιο[υρίο]υ Αὐρ(ηλίοις) Ἀ[τισί]ῳ καὶ Σαβείγῳ ὑποδέκτ(αις)
180 ὅρμου Λευκο[γίου πυρ]οῦ ἀρτάβας ἕξ [(ἀρτ.) ϛ μό(νας).
Φαῶφι ⸍ κβ⸍. κωμ(ητῶν) Καρανίδος δι(ὰ) Ἡρᾶ Σαραπίωνος
Ἀτισίῳ καὶ Σαβίνο[υ] ὑποδέκτας ὅρμου Λευκογίο[υ
ιε∫ ἰνδικτίωνος [π]υροῦ ἀρτάβας δύω ἥμισοι
τρίτον δοδέκατον (ἀρτ.) β ∠ γιο μόνας.

*Verso*

## Col. I

185 ἀποχῶν σίτου ιγ ∫' ἰνδικτί(ονος) ἐν ὅρμῳ Λευκογίου
α⸍ ἀποχὴ (ἀρτ.) νε𐅵. ἄλλη (ἀρτ.) κα𐅵.
ἄλλη (ἀρτ.) ιη ϛ⸗. ἄλλη ἀποχὴ (ἀρτ.) ιβ ϛ⸗.
[(γίνονται)] (ἀρτ.) ρζ ∠ ϛ ⸍.

ζ
190 ἀποχὴ ιδ ∫ ⸍ ⟨ἰνδικτίονος⟩ ὑποδεκτῶν πόλεως (ἀρτ.) ξα γ ιο⸗.
ἄλλη ἀποχὴ (ἀρτ.) ϛ. ἄλλη ἀποχὴ (ἀρτ.) ϛ. ⟨γίνονται⟩ (ἀρτ.) πβ ∠⸍.
ὅρμῳ Λευκογείου (ἀρτ.) γ. ἄλλη ἀποχὴ (ἀρτ.) ϛ ιο ⸗.
χωρὶς ἑτέρων ἀποχὴν μὴ ἐπιφερομένον τῶν προκιμένον
τῷ πλοίῳ (ἀρτ.) γ.

## Col. II

195 κατέβαλεν Ἀιῶν Σαραπίωνος
διὰ Κεφᾶς μερισμοῦ λίνου ὑπὲρ
λόγου σίτου ἐκτιμής(εως) (τάλαντα) ΄γ (δραχμὰς) φ.
πι( ) Ὀλ καὶ Πτολεμαίου.

## Col. III

Χοίακ γ. κωμ(ητῶν) Καρ(ανίδος) ἐν Λευκογίῳ
200 Ἀιῶν Σαραπίωνος κριθῶν ῥυπ(αρῶν) (ἀρτ.) ε.

χ(ει)ρ(όγραφον) σίτου θ∫⸍ ἰνδικ(τίονος) Αὐσονίου Νεμεσίνου
δι(ὰ) Καλωσίρεως υἱοῦ βουλ(ευτοῦ) ἐπιμελ(ητοῦ)
σίτου ἀποστελλωμένων ἐν Ἀλεξανδρίᾳ
μηνὶ Μεχεὶρ κα⸗ τῆς θ∫⸍ ἰνδικ(τίονος)
205 κωμητῶν Καρανίδος δι(ὰ) Κυρίλλου
Ἀρηνᾶς σίτου θ∫⸍ (ἀρτ.) υ μόνας.

### Col. IV

χ(ει)ρ(όγραφον) κριθῶν ιβ ∫ ⸍ ἰνδικ(τίονος). Θεόδωρος Γεροντίου
βουλ(ευτὴς) ἐπιμελ(ητὴς) ἀρτοποιείας μηνὶ Φαῶφι λ
τῆς ιβ ∫ ⸍ ἰνδικ(τίονος)
210 κωμητῶν Καρανίδος δι(ὰ) Οὐαλερίου Ἀντιουρίου (ἀρτ.) ιζ 𐅷 ⸍ μόνας.

The vowel interchanges αι=ε, ε=η, ει=ι, ο=ω and οι=υ are common throughout; recurrent or easily recognizable instances are not listed here.

7, 106. *l.* Καρανίδος. 15, 17. *l.* αὐτός. 20, 51, 153, 174. *l.* Σαραπίωνος. 40, 58. *l.* Παππίων. 41. *l.* Ἀθύρ. 59. *l.* Μυός. 67, 99, 108, *l.* σεσημείωμαι. 73, 77. παϊανου Pap. 76, 80, 86, 91, 103. *l.* ὑποδέκται. 100, 109. αϊων Pap. 108. εμοϋ Pap. 114. ν of εν written over ι. 129, 130. *l.* τέσσαρας. 150-1. *l.* Ἀτισίῳ καὶ Σαβίνῳ ὑποδέκταις. 153, *l.* ὑποδεκτῶν. 154. *l.* ἐννέα. 163. *l.* ἀποδέκται, Οὐαλερίῳ. 164. *l.* χαί(ρειν). 164-5. *l.* πεντεκαιδεκάτης. 165. *l.* μίαν, μόνην. 167. *l.* ὅρμῳ. 182. *l.* Σαβίνῳ ὑποδέκταις. 193. *l.* ἀποχῶν, ἐπιφερομένων τῶν προκειμένων. 194 *l.* τῷ. 196. *l.* Κεφᾶ. 202. υϊου Pap. 203. *l.* ἀποστελλομένου. 206. *l.* Ἀρηνᾶ.

### NOTES

12. Instead of the personal name expected after εἰς πλ(οῖον), the papyrus appears to have Ἀλεξανδρίας (or -ης?).

20-24. This receipt, though unsigned, is clearly in the hand of the Amonis who wrote three other receipts beginning κατέβαλεν (lines 60-62, 153-56, and 174-77).

47-54. These two receipts, thought both signed in the name of Polion (note the different spellings of the name), are in markedly different hands.

69. εἰς στα( ) occurs only here, where other receipts have εἰς πλοῖον. The meaning, presumably, is that the delivery was deposited in a dockside storehouse to await the arrival of the boat on which it was to be loaded.

118. The word order of the signature is unusual (for the normal order cf. e.g. line 135). Line 126 shows, furthermore, that the καί is intrusive, i.e. Souchidas (who acknowledges the receipts in lines 167-73) is the collector, and Ammon is not his associate, but his agent.

150-52. The hand of this unsigned receipt is unique in this document. The writer thus remains unidentified.

164. ἔσχον: cf. **3**, **4** and note.

178-84. These unsigned receipts are in the same hand as lines 167-73.

185-88. This is a summary of the deliveries by Valerius son of Antiourios recorded on the recto in lines 10-19 and 25-28. The total of 107 2/3 is correct.

190-94. This is a summary of the deliveries of wheat for the fourteenth indiction by Valerius son of Antiourios in lines 82-95 and by Aion son of Sarapion in lines 113-18 and 121-26. The total of 82 1/2, written out to the right of line 191, is correct. The caveat in lines 193-94 repeats that of lines 119-20.

198. The abbreviation suggests some word connected with *pittakion*, the technical term for a partnership or company "which cultivates government land under a system of lease and sublease"—H. C. Youtie, *Transactions of the American Philological Association* 73 (1942), 75 (cf. further PCair Isid 18 intr.; 24, 1n.; p. 330.).

## 12

## ACCOUNT OF TAX COLLECTIONS

Inv xv, 6                      23 × 44 cm.                      321/2 A.D.

The papyrus appears to be complete, but the first column is mutilated and the writing on the verso is much abraded. The hand of the recto is the common slanting cursive of the period; that of the verso is more upright and skilled. The ink is considerably faded on both sides.

The text of the recto is a list, in three columns, of tax payments for a tenth indiction. A column of writing on the verso, consisting of 17 lines, may be a continuation of the recto account, but the illegibility of the caption makes it impossible to determine this with certainty. Like the recto, it records payments in talents and drachmas, and most of the same taxpayers reappear; despite the general mutilation the following names can be read with fair assurance in lines 4-6 and 9-17: Abaous son of Paësios, Serapion s. of Harpalos, Papeis s. of Aion, Chaireas s. of Vallas, Kopres s. of Heras, Serapion s. of Patas, Ptollas s. of Venaphris, Chairemon, Aphous [sic] s. of Tiberinus, Seuthes s. of Ptelemaios [sic], Ptollas, Sarapion s. of Casianus. To the right of this verso column, apparently in still another (smaller) hand, are the beginnings of three lines; these look like the remains of a brief notation, perhaps a docket to or memorandum about the whole document. Farther to the right there were once one or two more colums of writing, from which nothing is now recoverable.

The recto account, which is reproduced below, records taxpayers' payments, most of them made in money (talents and drachmas) and a few in pounds of meat. The payments are listed under three captions: "Collection of money taxes of the 10th indiction" (lines 1-2), "And to the chaff account" (line 36), "And to the gifts account of the 10th indiction, collected by the sitologos Antiouris" (lines 43-44). What precisely is meant by this last caption is not certain. The terms θαλλία, θαλλός, have been encountered before in the papyri, but always in the sense of "presents," usually given by a tenant to his landlord, sometimes on the occasion of a religious festival: e.g. PAmh 93 (=WChr 314), 11-12 (cf. S. Eitrem, *Symbolae Osloenses* 17 [1937], pp. 41-45; P. Derchain, *Chronique d'Egypte* 30 [1955], pp. 324-26 suggests that the term may be "décalqué en grec" from Egyptian; see also J. Herrmann, *Studien zur Bodenpacht* [=*Münchener Beiträge* 41], pp. 115-16). **12** contains the first occurrence of the term in a context suggesting a tax or regular payment. Possibly we are to understand that the money collected under this heading went into a fund earmarked for festival purposes. Professor J. H. Oliver calls my attention to the parallel development of *sportulae* from illicit tips into legitimate fees (cf. A. H. M. Jones, *Studies in Roman Government and Law*, pp. 170-72 = *Journal of Roman Studies* 39 [1949], pp. 50-51).

Nos. **12, 15, 16,** and **17** are tied closely together by the names which they share with one another. Some of the individuals named in these lists are found also in PCair Isid, which suggests that the enth indiction of **12** and **16** is that of 321/2 A.D.

Col. I

    ἀπαίτησις ἀρ[γ]υρίου
    τῆς ιϛ ἰνδικτίονος.
    Πτολλᾶς Οὐενάφρεος             (τάλαντα) η κρέως λί(τραι)ε
    ὁμοίος ἄλλ[α]                      (τάλ.) γ
5   Παπεῖς Ἀιῶγος                    (τάλ.) ιβ
    ὁμοίος ἄλλα                       (τάλ.) α (ἥμισυ)
    Σώτας Κολο[ύθο]υ                 (τάλ.) γ

[28]

## ACCOUNT OF TAX COLLECTIONS

    Σεύθης Πτελ[εμ]αίου         (τάλ.) ε
    ὁμοίος ἄλλα               (τάλ.) γ ἄλλο (τάλ.) α
10 Σαιραπίων [Π]αησίου        (τάλ.) β
    ὁμοίος ἄλλα               (τάλ.) γ
    Κοπρῆς Ἡ[ρᾶ]           (τάλ.) ϛ
    Ἀβα[οῦ]ς Πα[η]σίου      (τάλ.) ε ἄλλα (τάλ.) β
    ὁμοί[ο]ς ὁ αὐτ[ὸς] {κρέος}  (τάλ.) ιη ἄλλα (τάλ.) γ
15 Σύρος Ἁρπά[λου διὰ] Παήσιον (τάλ.) γ (ἥμισυ)
    Παπεῖς Παντ[ῆ]λ         (τάλ.) β (δραχμαὶ) ʹβυ
    Σαιραπίων Π[ατ]ᾶ        (τάλ.) β
    Χαιραίας Οὐα[λλ]ᾶ       (δρ.) ʹδω
    Ἀτοῦς ἀπάτ[ωρ]          (τάλ.) β
20 Σαιραπίων Κασιανοῦ
    δι[ὰ ±5] παι(δὸς)         (τάλ.) ϛ
    ]ανου                    (τάλ.) [ ] ἄλλα (τάλ.) [
    ]λου                     (τάλ.) [

### Col. II

    Παπεῖς Παντῆλ          (τάλ.) .
25 Χαιρήμων Παύλου       (τάλ.) α (δρ.) ʹδχ ἄλλα (τάλ.) γ ἄλλο (τάλ.) α
    Ἀπφοῦς Τιβερίνου       (τάλ.) α ἄλλα (τάλ.) β
    Ἀπφοῦς Τιβερίνου       κρέος λί(τραι) ε
    Παπεῖς {κρέος}           κρέος λί(τραι) ια
    Δίδυμος Σώτου          [(τάλ.)] δ (δρ.) ʹγχ ἄλλα <(τάλ.)> β
30 Σαιραπίων Κασιανοῦ
    διὰ παι(δὸς)               [
    Κοπρῆς Ἡρᾶτος         [(τάλ.)] δ ἄλλο (τάλ.) α
    Καπεεῖς [Π]αντῆρ       (τάλ.) α
    Μαύρης [Σαι]ραπίων(ος)  (τάλ.) β ἄλλα (τάλ.) β
35 Παθῆ[ς] δι(ὰ) τῆς γυνεκὸς   (τάλ.) δ

    καὶ εἰς λόγον ἀχύρου
    Κοπρῆς Ἡρᾶ              (τάλ.) ε
    Χαιρέας Οὐαλλᾶ         (τάλ.) α ἄλλα (τάλ.) δ
    Σαιραπίων Κασιανοῦ    (τάλ.) ε
40 Σεύθης Πτελεμαίου      (τάλ.) ε
    Παπεῖς Ἀιώνεος         (τάλ.) η
    Παπεῖς Παντῆλ          (τάλ.) β

### Col. III

    καὶ εἰς λόγον θαλλείων
    ιϛ ἰνδικτίον(ος) δι(ὰ) Ἀντιοῦρις σιτολόγος
45 Πτολεμαῖος Ἀβαοῦς      (τάλ.) λβ
    Σεύθης Πτελεμαίου     (τάλ.) ε ἄλλα (τάλ.) η

|    |                        |              |
|----|------------------------|--------------|
|    | Σαιραπίων Κασιανοῦ     | (τάλ.) θ ἄλλα (τάλ.) ε |
|    | Ἀπφοῦς Τιβερίγου       | (τάλ.) ι (δρ.) ᾽δ |
|    | Σύρος Ἁρπάλου          | (τάλ.) κθ    |
| 50 | Χαιραίας [Οὐ]αλλᾶ      | (τάλ.) ια    |
|    | Πτολλᾶς Οὐενάφρεος     | (τάλ.) ι     |
|    | Χαιρήμ⟨ω⟩ν Παύλου      | (τάλ.) β     |
|    | Δίδυμος Σώτου          | (τάλ.) ε     |
|    | Κοπρῆς Ἡρᾶ             | (τάλ.) ε     |
| 55 | Σαιραπίων Πατᾶ         | (τάλ.) ε     |
|    | Σώτας Κολλούθου        | (τάλ.) Ϛ (δρ.) ᾽βυ |
|    | Παπεῖς Παντῆλ          | (τάλ.) δ     |

3, 51. *l.* -φρεως.   3, 14, 27, 28. *l.* κρέως.   4, 6, 9, 11, 14. *l.* ὁμοίως.   10, 17, 20, 30, 39, 47, 55. *l.* Σεραπίων   15. *l.* Παησίου.   18, 50. *l.* Χαιρέας.   35. *l.* γυναικὸς.   44. *l.* Ἀντιουρίου σιτολόγου.

## NOTES

23. Perhaps Σύρος Ἁρπά]λου (cf. line 15), which fits the space requirements.
8. 40, 46. The spelling Ptelemaios occurs also in PCair Isid 125.

## 13

## ACCOUNT OF TAX PAYMENTS

Inv xv, 23　　　　　　　　　26.5 × 36 cm.　　　　　　　　Ca. 330-340 A.D.

The papyrus is well preserved and complete, though it may originally have been part of a larger whole. The hand is a large, slanting cursive.

The text, in two columns, consists of notations of payments in talents in the months Payni to Thoth (the year is not stated). Except for Epeiph, in which two payments only are recorded on the 21st (probably by a second hand), each month is headed "For the assessment in the month (*name*)." The individual entries that follow are thus identified as tax payments under the said assessment (μερισμός).

On the date see the intr. to **19**. A date in the second quarter of the fourth century also accords well with the fact that thousands are indicated in this document by both the ' and / signs (cf. PRyl IV, p. 162 n. 3).

```
        με[ρι]σμοῦ μηνὶ Παῦνι
            (τάλαντα) ⊓
        (ὧν) διὰ Παμᾶ           (τάλ.) 'γρ
        τιμῆς οἴνου              (τάλ.) 'Ϛφ
    5   Παπεῖς Ἀτισίο(υ)         (τάλ.) 'β
        Πανκράτις                (τάλ.) ⊓α
        Ἰσίων                    (τάλ.) 'βφ
        ὁμοῦ                     (τάλ.) β 'δρ
        Οὐαλέρις                 (τάλ.) 'β
   10   κουφισμοῦ                (τάλ.) 'α
        διὰ Δημητρί(ου)          (τάλ.) 'δψ
        [[ἄλ(λα)]]                     'β
        ἄλ(λα)                   (τάλ.) 'αχν
        Ἐπεὶφ κα
   15   διὰ Οὐαλερ⟨ί⟩ου Ἀντιουρί(ου) νομ(ισμάτιον) α (τάλ.) ⊓β ἠ
        ὁ αὐτὼς                  (τάλ.) ⌐Ϛ⌐

        μερισμοῦ μηνὶ Μεσωρὴ
Πανκρατίων Εὖς (τάλ.) χν Ἀιῶν διὰ Ἀχιλλᾶ (τάλ.) 'γσ
(τάλ.) 'αρξ Ἀιῶν (τάλ) 'αχ διὰ Δημητρίο(υ) (τάλ.) ⊓α ἐρ
   20   Σωκράτης (τάλ.) φ Ἁτρῆς (τάλ.)φ Πᾶς (τάλ.) 'βω
        μερισμοῦ μηνὶ Θὼθ
            (τάλ.) ⊓
        (ὧν) Παπεῖς ⟨(τάλ.)⟩ 'γρ Ἀιῶν (τάλ.) 'γ⌐ξ
        Ὁλ (τάλ.) 'β ἄλ(λα) (τάλ.)'αφ ὁ αὐτὸς νομι(σμάτιον) α
   25   Σωκράτη(ς) (τάλ.) φ Ἰσίδωρο(ς) (τάλ.) φν
        Ἀιῶν (τάλ.) φ
        (τάλ.) ⊓β 'γ
```

16. *l.* αὐτὸς.   17. *l.* Μεσορὴ.   18. χυ written over π.

## NOTES

2 and 22. A total figure for the month was to have been entered here, but the writer entered only the symbol for 10,000, neglecting to add the figure.

3 and 23. (ὧν) is represented by a large L beginning to the left of lines 1 and 21 and ending at the beginning of lines 3 and 23.

27. The figure of 23,000 talents is obviously intended as a total, but what it is the total of is not clear. Since it does not correspond to the sum of the preceding payments for Thoth, perhaps it is the total of the assessment that should have been inserted in line 22.

## 14

## ACCOUNT OF TAX PAYMENTS

Inv. xv, 47          29.5 × 8.5 cm.          Ca. 330-40 A.D.

The papyrus is complete, and well preserved except for a hole at the top center. The writing, in a large, upright hand, occupies the upper half of the sheet.

The text is a brief list of money assessments, similar to and apparently contemporary with **13**. Two of the entries are preceded by the abbreviation κεφ/; presumably this designates some per capita impost, but it is not clear how the payments so designated differ from the others, with which they are included in arriving at the total given at the bottom of the list. Whatever their exact nature, they represent a fixed charge (3000 talents), not a percentage of the amounts in lines 3 and 5, to which they appear to be appended.

On the date, see the intr. to **19**.

```
     μερισμοῦ μηνὶ Ἀθὺρ
     εἰς Χοίακ·
     Οὐαλέριος      (τάλαντα) ∩ β ─ γτ
        κεφ(  )     (τάλ.)  ─ γ
  5  Ἡρᾶς           (τάλ.)  ─ θψ
        κεφ(  )     ⟨(τάλ.)⟩ ─ γ
     Αἰῶν           (τάλ.) ∩ α ─ δ⟦ψ⟧
     κλη(ρονόμοι) Ταμάλει καὶ Ἀλία
                    (τάλ.)  ─ δ
  10 Ταπάεις        (τάλ.)  ─ ηψν
     (γίνονται)     (τάλ.) ∩Ϛ'Ϛυν
```

### Translation

Assessment in the month of Hathyr for Choiak. Valerius 23,300 talents, *keph*( ) 3,000 tal., Heras 9,700 tal., *keph*( ) 3,000 tal., Aion 14,000 tal., heirs of Tamalei and Alia 4,000 tal., Tapaeis 8,750 tal., total 66,450 tal.

### NOTES

9. (τάλ.) δ was written first with a drying pen, then rewritten afresh with the addition of the slanting "1000" stroke.

11. The sum is the correct total of the figures originally written. Presumably the scribe later crossed out the ψ in line 7 without making a corresponding change in the total in line 11.

[33]

# 15

## ACCOUNT OF TAX COLLECTIONS IN BARLEY AND IN MONEY

Inv xvii, 10          25 × 34.5 cm.          Ca. 320 A.D.

The papyrus is complete in its outer dimensions, but is considerably damaged in the lower half. The writing—in a clear, medium-sized, slightly slanting cursive—is in three columns. The surface of Column I is badly abraded. In Columns II and III, on the other hand, the damage to the papyrus has caused no loss of written text, which is confined to the upper third of the sheet.

In Columns I-II are listed payments of barley made by a group of individuals (members of a *pittakion*?) during Mesore 12-16. Column III lists money payments made by the same persons on Mesore 13. Since the only caption is that which at the head of Column I identifies the document as an "Account of Collection of Barley", we are probably to understand that these tax payments were made partly in kind and partly through *adaeratio*, which is recorded in contemporary documents at the rate of 1000 drachmas per artab (cf. PCair Isid 58, introd.).

On the date of this account see the intr. to **12**.

### Col. I

```
         λόγος εἰσπράξ(εως) κριθ(ῶν) . . . . .[
         Μεσορὴ
     ιβ ⸗  Δι[ό]σκορος Τιβερίνου   (ἀρτάβαι) β  μέ(τρα) β
         Πατῖσι[ς] Ἰσιδώρου              μέ(τ.) θ
  5      Παπέει[ς] Πα[ντῆλ              μ]έ(τ.) θ
     ιγ ⸗  Οὐαλᾶς [Σαρ]α[πί]ων(ος) (ἀρτ.) α  μ(έτ.) β
         Παῆσι[ς Μ]έλανος              μέ(τ.) η
         Παπέει[ς] Παυ[τ]ῆλ             μ(έτ.) δ
    [[δ]] Διόσκορος Τιβερίνου            μ(έτ.) η
 10      Δ[ι]όσκορος Κάστορ(ος)          μ(έτ.) η
         ο . . . . . . . . ας   (ἀρτ.) α  μ(έτ.) β
        /Παῆσις Μέλανος                 μ(έτ.) η
        /[Ο]ὐαλᾶς .[. .] . .    (ἀρτ.) β
         .] α.ε. . . . [. .] . .          μ(έτ.) ζ
 15   ..[    ]γ . . .
     /[   Διόσ]κορο[ς Τιβ]ερίνου (ἀρτ.) α  μ(έτ.) α
         Παῆσις] Μέ[λανος]      (ἀρτ.) γ
         Πατῖσ]ις Ἰσιδώρου              μ(έτ.) .
         Δι]όσ[κο]ρος Κάστορ(ος)   (ἀρτ.) ϛ μ(έτ.) γ
 20                   ]          (ἀρτ.) β μ(έτ.) β
                    ].ου         (ἀρτ.) γ μ(έτ.) β
                      ]                 μ(έτ.) β
         Παπέεις Π]αυ[τῆ]λ              μ(έτ.) δ
         Πατῖ]σις Ἰσι[δώρο]υ    (ἀρτ.) β
 25      Ἰσίδωρος] Λεωνίδου    (ἀρτ.) α μ(έτ.) δ
```

[34]

## ACCOUNT OF TAX COLLECTIONS IN BARLEY AND IN MONEY

        Παπέεις] Π[αντ]ῆλ         (ἀρτ.) α ∠
        ]..[...]....              μ(έτ.) δ
        Διόσκορ[ος] Κάστορ(ος)   (ἀρτ.) β
        Διόσκο]ρο[ς] Τιβερίνου    . .

### Col. II

30  ιϛ ⸗  Διόσκορος Κάστορ(ος)     μ(έτ.) β
         Οὐαλᾶς                (ἀρτ.) γ μ(έτ.) β
         Πατῖσις               (ἀρτ.) γ μ(έτ.) β
         Κάστορ Σαβείνου      (ἀρτ.) ϛ μ(έτ.) δ
         Ἰσίδωρος Λεονίδου    (ἀρτ.) γ μ(έτ.) β
35     Παπέεις Παντῆ⟨λ⟩      (ἀρτ.) γ μ(έτ.) β
         Διόσκορος Τιβερίν(ου)   (ἀρτ.) γ
         Σαραπίων Σερήνου    (ἀρτ.) γ μ(έτ.) β

### Col. III

    Μεσορὴ
    ιγ ⸗  Διόσκορος Τιβερίνου  (δραχμαὶ) 'ϛ
40     Κάστορ Σαβείνου      (δρ.) 'ε
         Παπέ{ε}εις Παντῆ⟨λ⟩   (δρ.) 'ε
         Ἰσίδωρος Λεονίδου   (δρ.) 'ε
         Παῆσις Μέλανος     (δρ.) 'ε
         Οὐαλᾶς Σαραπίωνος   (δρ.) 'δ
45     Διόσκορος Κάστορ(ος)  (δρ.) 'ε
         Σερῆνος Ὥρου       (δρ.) 'δ
         Πατῖσις Ἰσιδώρου    (δρ.) 'ε

### NOTES

1. κριθ[ῶ]ν θ [ἔ]το[υς seems a possible, but not altogether satisfactory, reconstruction of the traces at the end of the line.

3-37. The abbreviation of μέτρον is με ⸗ in lines 3-5 and 7, μ ⸗ in lines 8-11 and **14**, and μ ⸍ in the rest.

11. Οὐαλᾶς Σαραπίωνος cannot be read here.

15. There was no amount entered at the right of this line; perhaps the entry in this line was the total of the preceding amounts.

## 16

## ACCOUNT OF TAX COLLECTIONS IN BARLEY

Inv i, 1 *verso*          23 × 30 cm.          321/2 A.D.

This document is written on the back of the blank part of **3**, probably in the same hand, although the script is larger and written with a blunter pen.

The text, which occupies only the left half of the sheet, is a brief account of tax payments in barley in the Ptolemais sector of Karanis' territory (on which cf. PCair Isid 47, 17n.). If, as seems probable from its position, the figure in line 12 is the total of the column, the individual amounts (which abrasion has rendered mostly illegible) were small.

On the date of **16**, see the intr. to **12**.

```
    ἀπαίτησις κριθῆς
    ὑπὲρ ιϛ ἰνδ(ικτίονος) μέρους Πτολεμ[αίδ]ος
    Κώμων Ἰσιδώρο[υ]        (ἀρτάβαι) [
    Ἀκιᾶρ Μούρου            [(ἀρτ.)
 5   Ὂλ Ἀλὲλ                (ἀρτ.) [
    Ἀφοῦς Τιβερίνου         (ἀρτ.) [
    Ἀγενῆς Εἰσείου          [(ἀρτ.)
    Πτολεμαῖος Ελ[. .]ους   (ἀρτ.) [.].
    Κώμων Καλερμεί(ου)      (ἀρτ.) γ ιο
10   Ἥρων Ἰσιδώρου          [(ἀρτ.) .]ψ
    Ἥρων Αἰώνεως            (ἀρτ.) [.].
    (ἀρτ.) θψ
```

    3, 9. *l.* Κόμων      7. γ corr. from π.

### NOTES

7. Εἰσιάς (= Ἰσιάς) has previously occurred as a female name. The masculine Εἰσιάς ("for Ἡσαΐας?", edd.) occurs in PAntin 107 (sixth/seventh century).

[36]

# 17

## ACCOUNT OF GRAIN RECEIPTS AND SHIPMENTS

Inv xv, 10            24 × 37.5 cm.            320 A.D.

The papyrus is complete, but the left half is badly worm-eaten. The hand is a characteristic smooth, upright cursive of the period.

The text, in two columns, is apparently a record of deliveries to and from the granary, credited to the Ptolemais sector of Karanis for an eighth indiction. Column I lists grain received from individuals on Epeiph 11th. Column II is a list of donkey-loads of grain dispatched from the granary on Epeiph 11th and 14th for delivery to a river port (cf. introd. to **5-11a**). One donkey carried one sack containing three artabs.

On the evidence for identifying the eighth indiction here as that of 319/20 A.D., see the introd. to **12**. The context suggests, further, that the Antiouri(o)s of Column II and **12**, 44 is to be identified with the sitologos of Ptolemais who in 318 A.D. issued the receipt in PCair Isid 59.

        εἰσ⟨δ⟩οχὴ σίτου η∫ ἰν[δι]κ(τίονος) Πτο-
        λεμαίδος Καραγίδ[ος] δι(ὰ) Κάστο-
        ρος          Ἐπεὶφ ια
        Κάστωρ Παρ[ιτ]ί(ου)         (ἀρτάβαι) ι
5      Ἁτρῆς Κάστ[ορο]ς         (ἀρτ.) ιη ͡ιω
        Ἀεῖς Πε..[ ο]υ         (ἀρτ.) δι[ο]
        Κώμω(ν) Ἰ[σιδ]ώρου         (ἀρτ.) β[
        Σελποῦς         (ἀρτ.) ζ
        Κώμω(ν) [...] λ..[. ο]υ
10    Α[.]ους         (ἀρτ.) θ

                 Col. II

        ἐμβολὴ σίτου η∫ ἰνδικ(τίονος)
        λοιπάδων 'Πτολεμαίδος' ⟦'Ἐπείφ'⟧
        α ⸺ φορὰ 'δι(ὰ)' 'Ἀντιουρίου' σάκ(κοι) δ πρ(ὸς) (ἀρτάβας) γ
          Ἀντιοῦρις         ὄν(οι) β
15      Κάστωρ Παριτί(ου)         ὄν(ος) α
          Ἁτρῆς Κάστορος         ὄν(ος) α
        β ⸺ φορὰ δι(ὰ) Ἀβόκ
          Σελποῦς         ὄν(οι) β
          Ἀβόκ         ὄν(ος) α
20      Ἀλλοῦς Σύρου         ὄν(ος) α
          Ἀντιοῦρις         ὄν(ος) α
          (γίνεται) σάκ(κοι) ε
        Ἐπὶφ ιδ ⸺ δι(ὰ) Κάστορος (καὶ) Ἀβόκ
        Παιανοῦ
25      Κάστωρ Παριτίου         ὄν(ος) α

## ACCOUNT OF GRAIN RECEIPTS AND SHIPMENTS

   Ἀντιοῦρις      ὄν(ος) α
   Ἀβὸκ Πεταοῦ     ὄν(ος) α
   Ἀβὸκ Παιανοῦ     ὄν(ος) α
   Παῦλος Πατερμού(θεως) ὄν(ος) α
30    Ἀτρῆς Κάστορος    ὄν(ος) α
   Ἡρακλῆς Ἀγενῆ    ὄν(ος) α
   Ἀβαοῦς Παησίου    ὄν(ος) α
   (γίνονται) σάκ(κοι) η πρ(ὸς) (ἀρτ.) γ . . .

2. λεμαϊδοσ Pap.   7. Perh. β[.] .   7, 9. *l.* Κόμων.   13, 33 ρ̂ Pap.   14 β written over α.   24, 28. παϊανου Pap.   23. ∫ Pap. (= καί).

### NOTES

9. It does not seem possible to read [᾽Ισι]δώ[ρο]υ: the λ might be a χ, but it is clearly not a δ.

11. ἐμβολή, originally the technical term for the lading of a vessel, is extended in the texts of this period to encompass the entire process from the loading of the donkeys at the village granary to the delivery of the grain aboard the boat that would carry it down the Nile, and thus comes to be used as the name of the tax itself. Cf. OOslo p. 54, PCair Isid 10, 1n.

12. The word ᾽Επείφ is very faint, as if erased, and it is clear that no date was written after it. These facts suggest that the scribe started to write the date in line 12, realized that he had it already in line 3, and rubbed out the επειφ that he had written in line 12. The date of Epeiph 11th, then, refers to the receipts in lines 4-10 and the shipments in lines 13-22.

13. α / φορά: "the 1st convoy" of the two (cf. line 17) that were sent on that day. The 3-artab sack (which occurs also, e.g., in OFay 41) was a common but not a universal standard in Egypt. Cf. further the introductions to PRen Harr 93 and PCair Isid 15.

33. The end of the line should, one would expect, contain the total of artabs, but the faded remnants of writing do not lend themselves to such reconstruction.

## 18

## MEMORANDUM OF DISBURSEMENTS

Inv i, 12                    25.5 × 36.5 cm.                    312 A.D. or later

The Karanis origin of this document is not assured by internal evidence, but is rendered probable by the fact that the papyrus, when purchased, was in the same lot as **3** (cf. inventory numbers). The hand is characteristic of the early fourth century—a slanting, rather angular but skilled cursive. The writing, in two columns, occupies only the upper half of the sheet, which is complete and well preserved. The entries in lines 10-12 and 19-23 are in an ink which has faded, whereas in the lines above these the ink remains a bright black.

The text is a series of notations of payments made by the writer (not named) and his father to one Isidoros for agricultural purchases and services. If this is the Aurelius Isidoros of PCair Isid, then the seventh year mentioned in line 22 is presumably 312/3 or 314/5 A.D. (on the confusion of regnal years in that period cf. Kase, p. 31 n. 32). Otherwise, the year may be that of Constantine II, i.e. 343/4 A.D.

### Col. I

ἔδωκα Ἰσιδώρου ἀργυρίου
τάλαντα εἴκοσι εἰς τιμὴν λαχάνου
ἀρταβῶν εἴκοσι. ἔδωκα Ἰσιδώρου
ὁμοίως τάλαντα ὀκτὼ εἰς τιμὴν
5   σίτου ἀρταβῶν δώδεκα καὶ πασήλου
ἀρταβῶν δώδεκα εἰς τὸν λόγον
Ἀμμ<ω>νιανοῦ· ταῦτα παρ' αὐτῷ ἔχει
ὁ Ἰσίδωρος. καὶ ὁμ<ο>ίως ἔδωκα Ἰσιδ[ώ]ρου
ἄλλα τάλαντα δέκα εἰς τιμὴν πασήλου
10  ἀρταβῶν τριάκοντα. καὶ ὁμοίως
ἔδωκεν αὐτῷ ὁ πατήρ μου εἰς τὸν
λόγον μου ἄλλα τάλαντα εἴκοσι.

### Col. II

ἔδωκα Ἰσιδώρου ἀργυρίου τάλαντα
πέντε εἰς λόγον τοῦ ὑποσχισμοῦ
15  τῶν κλήρων καὶ σίτου εἰ<ς> σπορὰν
ἀρτάβας ἑπτὰ καὶ κριθῆς ἀρτάβας
ἓξ παρὰ μέτρα δύο καὶ πασήλου ἀρ-
τάβας δύο· ταῦτα παρ' αὐτῷ ἔχει.
καὶ ὁμοίως ἔδωκα αὐτῷ εἰς λόγον
20  ὑποσχισμοῦ βουεικῶν ἀργυρίου
τάλαντα δύο ἥμυσυ, ὁμοῦ ὑποσχισμοῦ
τάλαντα ἑπτὰ ἥμυσυ. λοιπὰ ζ ἔτους
κριθῆς ἀρτάβας τρῖς π(αρὰ) μέτρα δύο.

[39]

1, 3, 8, 13. ϊσιδ- Pap. *l.* Ἰσιδώρῳ.     5, 9, 17. *l.* φασήλου.     17. μ corr. from δ(?)
20. *l.* βοεικῶν.     21, 22. *l.* ἥμισυ.     23. *l.* ἀρτάβαι.

*Translation*

I gave Isidoros twenty talents of silver as the price of twenty artabs of vegetables. I gave Isidoros likewise eight talents as the price of twelve artabs of grain and twelve artabs of calavance beans for the account of Ammonianus; these Isidoros has by him. And likewise I gave Isidoros ten additional talents as the price of thirteen artabs of calavance beans. And likewise my father gave him for my account twenty additional talents. I gave Isidoros five talents of silver for the account of plowing the allotments and seven artabs of grain for sowing and six artabs less two measures of barley and two artabs of calavance beans; these he has by him. And likewise I gave him for the account of plowing with oxen two and a half talents of silver, (making) all together for plowing seven and a half talents. Remainder of Year 7, three artabs less two measures of barley.

# 19

# LIST OF LANDHOLDERS

Inv xv, 31 27 × 22 cm. Ca. 330-340 A.D.

The papyrus is complete, but the surface of the right half is badly abraded. The hand is a large, flowing, upright cursive. The widely spaced lines cover the whole sheet.

The text is a brief notation, without date or explanation, listing several names and a number of arouras after each. The last line reads "total ar.", but the total figure was not filled in. The striking correspondence of the names in this list with those in **14** suggests that both may concern the members of a *pittakion* (on which see PCair Isid 18 introd., 24, 1n., and p. 330).

Since **14** also has clear affinity with **13**, those two documents and **19** may be regarded as contemporary. And since Aion, Heras and Valerius form links between these documents and **5-11a**, we may reasonably place the date of **13, 14** and **19** in the neighborhood of 330-340 A.D.

      Οὐαλέριος Ἀντιουρίου           (ἄρουραι) λα
      Ἀιῶν Σαραπίων(ος)             (ἄρ.) ια
      Σύρος Σαραπίων(ος)            (ἄρ.) ζ
      Ἡρᾶς Σαραπίων(ος)            (ἄρ.) ζ
5   κλη(ρονόμοι) Ταμάλει [ὀν(όματος)] Ἀραβικοῦ  (ἄρ.) ι̣
      κλη(ρονόμοι) Ἀλία ὀν(όματος) Ἀραβικοῦ    (ἄρ.) β ⊢
      (γίνονται) (ἄρ.)

### NOTES

6. The remnants of ink at the end of the line suggest β more than anything else; another possibility might be the sign for ἥμισυ.

[41]

# 20

# CESSION OF LAND

Inv xv, 26b + 49a  26.2 × 31 cm.  January/August 302 A.D.

The upper left corner of the papyrus is missing, as is the entire right-hand portion. The body of the text is written in a round professional hand of considerable elegance; the signatures are provided by second and third hands which are, respectively, a narrow, slanting, rapid cursive, and a slanting, rather coarser cursive. See Plate.

The two extant (contiguous) fragments preserve a little less than one-half of the original text. The basis for this calculation is to be found in lines 4 and 20, whose restoration is reasonably assured by customary formulas. On this basis the missing right-hand portion appears to have had some 80-85 letters in the first and third hands, and about one-third more in the narrower second hand. For simplicity of presentation, especially in view of the great length of the lines, restorations have been included where the sense is certain or probable, even though the precise wording must, in the nature of the case, remain a matter of some doubt. Individual problems involved in the restorations are treated in the notes to the several lines. The closest parallels to the form and language of **20** are provided by the following sales and cessions: PMil Vogl 26 (128 A.D.), PThéad 2 (300 A.D.), BGU 1049 (342 A.D.).

By the present document Atisios son of Hatres transfers to Heron son of —— 5 29/64 arouras of private land, and 1 1/64(?) arouras of royal land which had evidently been attached to some of the private land for compulsory cultivation. Particularly noteworthy is the careful distinction that is made between the cession (παραχώρησις) of the private land and the surrender or divestment (ἐκχώρησις) of the royal land. Such precision of terminology is not always found in the documents. At least as early as the middle of the third century royal land was loosely spoken of as ,,belonging'' (ὑ[π]αρχούσας, SB 7474, 4) to its cultivator. Further examples from the fourth century are collected in the note to line 9. By the middle of the fourth century "royal land was being sold apart from the land to which it had originally been annexed" (H. I. Bell, *Bibliothèque de l'Ecole des Hautes Etudes* 234 [1922], p. 269, commenting on PLond inv. no. 2227 [=SB 6612], of 365 A.D.). It is clear that by the middle of the fourth century royal land had become privately held and disposable property; by the end of the century even the categories and designations βασιλική, οὐσιακή, κτλ., had disappeared. See further Bell, *loc. cit.*, pp. 261-71; A. C. Johnson and L. C. West, *Byzantine Egypt: Economic Studies*, pp. 19-21; PCair Isid pp. 103-5.

Another striking feature of the cession in **20** is that it is made "without price or cession-money or any payment at all in exchange for ..." (line 12). The thought arises, accordingly, that the cession was made in satisfaction of a debt. I owe to Professor Youtie the suggestion that the debt (or part of it) is discernible in the contract's dispositions concerning taxes (lines 14-16). Atisios is stated to be liable for the current year's taxes because he retains the standing crop. This is normal: the person receiving the crop pays that year's taxes (cf. note to line 15 and H. C. Youtie, *Transactions of the American Philological Association* 83 [1952], pp. 108-11). The debt may then arise from the fact that Heron will pay the taxes for which Atisios is liable, and line 12 is in fact readily restorable in that sense. It must be admitted, however, that in so detailed a contract as this one would expect a more explicit statement of such an arrangement (cf. e.g. the detailed language of PMil Vogl 26, 11-15).

ὑπατίας τῶν κυρίων ἡμῶν Κωνσταντίου καὶ Μαξιμια]νοῦ τῶν ἐπιφ[ανεσ]τάτων
[Κα]ισάρω[ν τὸ δ ⌐. (4th hand) κατεχω(ρίσθη) ιη (ἔτους) ⌐ καὶ ιζ (ἔτους) ⌐
καὶ ι (ἔτους) ⌐ month, day.

[42]

## CESSION OF LAND

(1st hand) ἔτους ιη ⸍ Αὐτοκράτορος Καίσαρος Γα[ί]ο̣υ̣ Αὐ̣[ρηλίου] Οὐ̣αλερίου
Διοκλητι̣[αν]ο̣ῦ καὶ (ἔτους) ιζ ⸍ Αὐτ̣[οκράτορος Καίσαρος Μάρκου Αὐρηλίου
Οὐαλερίου Μαξιμιανοῦ Γερμανικῶν Μεγίστων Σαρματικῶν Μεγίστων Περσικῶν
Μεγίστων Εὐσεβῶν Εὐτυχῶν Σ]ε̣β[αστ]ῶ̣ν καὶ ἔτ̣[ους ι ⸍ τ]ῶν κυρίων ἡμῶν Φ[λαο]υ̣ίου
Οὐαλερίου Κ[ωνσταντίου καὶ Γαλερίου Οὐαλερίου Μαξιμιανοῦ τῶν ἐπιφανεστάτων
Καισάρων μηνὸς ± 20

± 15 ἐν] Π̣τ̣[ολεμαίδι Ε̣[ὐ]εργέτιδι τοῦ Ἀρσινοίτου νομοῦ. ὁμολογεῖ Α[ὐ]ρήλιος
Ἀτίσιος Ἀτρῆ μη[τρὸς —— ἀπὸ κώμης Καρανίδος ὡς (ἐτῶν) age, description,
Αὐρηλίῳ Ἥρωνι —— μητρὸς —— ἀπὸ τῆς αὐτῆς
5  κώμης ὡς (ἐτῶν) . . οὐλὴ ]. . . . δ̣ε̣ξιᾷ παρακεχωρηκέναι τὸν Ἀτίσιον τῷ Ἥρω[νι
ἀ]πὸ τοῦ νῦν ἐπὶ τὸν ἅ[παντα χρόνον τὰς ὑπαρχούσας τῷ αὐτῷ Ἀτισίῳ ἀγοραστὰς (?)
κατὰ δημόσιον χρηματισμὸν τελειωθέντα διὰ

± 20 μην]ὶ Θώθ κβ περὶ ὁριοδικτίαν τῆς προκιμένης κώμη[ς ἐ]π̣[ὶ] τῆ[ς α ⸍
σφρα(γῖδος) ἐν] δὲ τό(πῳ) Τη[.ιναρτυ λεγομένῳ ἰδιωτικῆς γῆς σπορᾶς ιγ (ἔτους) ⸍
καὶ ιβ (ἔτους) ⸍ καὶ ε (ἔτους) ⸍ ἀρούρας τρῖς ὄγδοον τετρα-
και[εξηκοστὸν καὶ ἀ]βρόχου ἀρούρης τέταρτον ἑκκαιδέκατον, ἐπὶ δὲ τῆς ε ⸍ σφρα-
(γῖδος) ἐν τ[ό(πῳ) Τκα]ι̣νπαῳ λ[ε]γομένῳ [ἰδιωτικῆς γῆς σπορᾶς ιγ (ἔτους) ⸍
καὶ ιβ (ἔτους) ⸍ καὶ ε (ἔτους) ⸍ ἀρούρας δύο, πρὸς τὴν ἀπὸ σπορᾶς τοῦ εὐτυχῶς
ἰσιόντος

ιθ (ἔτους)[ ⸍ καὶ ιη (ἔτους) ⸍ καὶ] ι̣[α (ἔτους)] ⸍ διὰ παντὸς γεωργίαν ὧν ἀπε-
γράψατο ὁ ὁμολογῶν Ἀτίσιος ἐδαφῶν [ἐ]ν̣ τῇ ἀπογραφῇ ἀρουρῶν ἐπὶ Σαβείνῳ
κηνσίτορι, ἔτι τε καὶ ἐκκεχωρηκέναι ἐπὶ τῆς α ⸍ σφρα(γῖδος) ἐν δὲ τό(πῳ) Τη.-
ιναρτυ λεγομένῳ τῆς

τοῦ α[ὐτ]ο̣ῦ κα̣ὶ ἄλλων βασιλεικῆς γῆς σπορᾶς ιγ (ἔτους) ⸍ καὶ ιβ (ἔτους) ⸍ καὶ ε
(ἔτους) ⸍ ἀρούρης τέταρτο[ν ὄγ]δ̣[ο]ο̣ν ἐκκ[αι]δεκάτου κ[αὶ ἀβρόχου ἀρούρης
ἥμισυ ἑκκαιδέκατον τετρακαιεξηκοστὸν(?) ἢ ὅσαι ἐὰν ὦσιν ἐπὶ τὸ πλεῖον ἢ
ἔλασσον, ἐπὶ τοῖς
10  οὖσι αὐ̣[τῶν] ὁρίοις καὶ ποτίσ[τρ]ε̣ς καὶ ἐκχύσεσι καὶ ἰσόδοις καὶ τε͂ς ἄλλαις χρήσεσι
κα̣ὶ δικαίοις π̣ᾶ̣[σ]ι κατὰ τὴν ἐξ ἀρ[χ]ῆς καὶ μέχρι τοῦ νῦν συνήθιαν, ὧν γίτονες καθὼς
ὑπηγόρευσαν τῆς μὲν ἐν α ⸍ σφρα(γῖδι) ἰδιωτικῆς καὶ βα-
σιλεικῆς πάσης οὔσης ἐν ἑνὶ πήγματι ἀπὸ μὲν ἀνατολῶν Πτολλᾶ κτῆσ[ι]ς, ἀπὸ δὲ
δυσμῶν διῶ[ρυξ μεθ᾽ ἣν χέρσος διόλου, τῆς δὲ ἐν ε ⸍ σφρα(γῖδι) ἰδιωτικῆς γῆς
ἀπὸ μὲν ἀνατολῶν Ταυημέρας κτῆσις, ἀπὸ δὲ δυσμῶν
Παη[σ]ί[ο]υ κτῆσις, ἄνευ τιμῆς καὶ παραχωρητικοῦ καὶ πάσης τινὸς γοῦν δόσεως
ἀντὶ τῶν ὑπὲρ [αὐτῶν δημοσίων(?), καὶ βεβαίωσιν τὸν ὁμολογοῦντα Ἀτίσιον
τῷ Ἥρωνι καὶ τοῖς παρ᾽ αὐτοῦ τὰ κατὰ ταύτην τὴν
παραχώρησιν τῶν προκιμένων ἀρουρῶν πάσῃ βεβαιώσι, ἃς καὶ παρέξα[σθαι ἀνεπ]άφους
καὶ ἀν̣[ενεχυράστους καὶ ἀνεπιδανίστους καὶ καθαρὰς ἀπὸ μὲν τελεσμάτων πάντων,
τῶν δημοσίων παντοίων
σιτικῶν ται καὶ κριθικῶν καὶ ἀργυρικῶν καὶ ἀννωνῶν καὶ ἑτέρων π[α]ντοίων ἐπιβολῶν
καὶ π̣[αντὸς ἁπαξαπλῶς εἴδους ἀπὸ τῶν ἔμπροσθεν χρόνων μέχρι τοῦ Μεσορὴ
μηνὸς τοῦ ἐνεστῶτος ιη (ἔτους) ⸍ καὶ ιζ (ἔτους) ⸍ καὶ ι (ἔτους) ⸍
15  ὄντ[ω]ν πρὸς τὸν ὁμολογοῦντα Ἀτίσιον διὰ τὸ καὶ τὴν ἐπικιμένην ἐν ταῖς ἀ[ρο]ύ̣ραις

43

## 44                      CESSION OF LAND

τῷ ἐ[ν]εστῶτι ἔτι σπ[ορὰν ἀπέχιν αὐτόν, ἀπὸ δὲ ἰδιωτικῶν καὶ πάσης ἐμποιήσεως διὰ παντός, καὶ ἀπὸ τοῦ νῦν κρατῖν τὸν Ἥρωνα τῶν πα-

ρα]χωρηθέντων καὶ ἐκ[κε]χωρηθέντων αὐτῷ ἀρουρῶν πασῶν καὶ κυριεύειν καὶ τὰ ἐξ αὐτῶν περιγινόμ[ενα ἀπὸ τοῦ ἑξῆς εὐτυχῶς ἰσιόντος ιθ (ἔτους) — καὶ ιη (ἔτους) — καὶ ια (ἔτους) — ἀποφέρεσθαι αὐτὸν εἰς τὸ ἴδιον καὶ διοικῖν τὴν βασι-

λ]εικὴν γῆν ὡς ἐὰν ἐρῆται καὶ διευθύνιν αὐτὸν τῷ ἱερωτάτῳ ταμίῳ ἀπὸ τοῦ Θωθ μηνὸς τοῦ ε<ὐ>τυχῶς ἰ[σ]ιό[ντος ιθ (ἔτους) — καὶ ιη (ἔτους) — καὶ ια (ἔτους) — εἰς τὸν ἀεὶ χρόνον τὰ ὑπὲρ αὐτῶν δημόσια πάντα, ἐφ᾿ ἃς καὶ μὴ ἐπιπορεύεσθαι αὐτὸν

τὸν Ἀτίσιον μηδ᾿ ἄλλον ὑπὲρ αὐτοῦ μηδένα κατὰ μηδένα τρόπον ἀλλὰ καὶ τὸν ἐπελευσόμενον ἢ ἐμποι[ησόμενον καθ᾿ ὁντιναοῦν τρόπον ἀποστήσιν αὐτὸν παραχρῆμα τοῖς ἰδίοις δαπανήμασι χωρὶς τοῦ μένιν

κύρια καὶ τὰ προγεγραμμένα, καὶ οὐκ οὔσης ἐξουσίας οὔτε τῷ ἐκχωρήσαντι Ἀτισίῳ οὔτε μὴ τῷ ἐκχωρη[θέντι Ἥρωνι ἀλλάξαι τι τούτων ἢ παραβῆναί τι τῶν ἐγγεγραμ-μένων διὰ τὸ ἐπὶ τούτοις ἑκουσίως καὶ αὐθαιρέτῳ

20 γ]νώμῃ ἐπὶ τήνδε τὴν παραχώρησιν καὶ ἐκχώρησιν αὐτοὺς ἐληλυθέναι, καὶ περὶ δὲ τοῦ ταῦτα οὕτως ὀ[ρθῶς καλῶς γεγονέναι ἐπερωτηθέντες ὡμολόγησαν. (2d h.) Αὐρήλιος Ἀτίσιος Ἀτρῆ ὁμολογῶ παρακεχωρηκέναι περὶ ὁριοδικτίαν

κώμης Καρανίδος ἰδιωτικῆς γῆς ἐπὶ τὸ αὐτὸ ἀρούρας πέντε τέταρτον ὄγδοον ἑκκαι-δέκατον τετρακαιεξηκοστόν, ἔτι τε καὶ ἐκκεχω[ρηκέναι βασιλικῆς γῆς ἐπὶ τὸ αὐτὸ ἄρουραν μίαν τετρακαιεξηκοστόν(?), ἃς καὶ παρέξομαι καθαρὰς ἀπὸ παντὸς ὀφειλήματος καὶ τῶν

τελεσμάτων αὐτῶν πάντων καὶ τῆς θείας διατυπώσεως, καὶ βεβαιῶ καὶ ἐμμενῶ πᾶσι καὶ οὐδὲ παραβήσομαι ὡς πρόκιται, καὶ ἐπερω[τηθεὶς ὡμολόγησα. Αὐρήλιος —— ἔγραψα ὑπὲρ αὐτοῦ ἀγραμμάτου. (3rd hand) Αὐρήλιος Ἥρων —— γέγονεν εἰς ἐμὲ

ἡ] παραχώρησις καὶ ἐκχώρησις τῶν προκειμένων ἀρουρῶν πασῶν καὶ τελέσω τὰ ὑπὲρ αὐτῶν δημόσια π[άντα ἀπὸ τοῦ Θωθ μηνὸς τοῦ εἰσιόντος ιθ (ἔτους) — καὶ ιη (ἔτους) — καὶ ια (ἔτους) — εἰς τὸν ἀεὶ χρόνον ὡς πρόκειται, καὶ ἐπερωτη-

θ]εὶς ὡμολόγησα. Αὐρήλιος Ἀμμώνιος Θεονίνου οὐετρανὸς ἔγραψα ὑπὲρ αὐτοῦ ἀγραμμάτου.

Interchange of ει and ι occurs throughout, and is not noted here.
9. *l.* ἑκκαιδέκατον.     10. *l.* ποτίστραις, ταῖς.     14. *l.* τε.     17. *l.* αἱρῆται.

### *Translation*

(*Docket*) In the consulship for the fourth time of our lords Constantius and Maximianus, the most illustrious Caesars. (*4th hand*) Registered, (date).

(*1st hand*) Year 18 of the Emperor Caesar Gaius Aurelius Valerius Diocletianus and year 17 of the Emperor Caesar Marcus Aurelius Valerius Maximianus Germanici Maximi Sarmatici Maximi Persici Maximi Pii Felices Augusti and year 10 of our lords Flavius Valerius Constantius and Galerius Valerius Maximianus the most illustrious Caesars, on the —th of the month of —— at Ptolemais Euergetis in the Arsinoite nome. Aurelius Atisios son of Hatres and —— from the village of Karanis, aged about —— years ... acknowledges to Aurelius

## CESSION OF LAND

45

Heron son of —— and —— from the same village, aged about —— years, with a scar on his right knee(?),

that he, Atisios, has ceded to Heron from the present for all time the land belonging to the said Atisios in the *horiodiktia* of the aforementioned village, which he acquired by purchase(?) in accordance with a notarial instrument(?) executed through the—— office in year—— on the 22nd of the month of Thoth, viz.

    in Section 1, in the locality called Te.inarty, 3 9/64 arouras of private land classed arable in year 13=12=5, and 5/16 aroura of private uninundated land, and

    in Section 5, in the locality called Tkainpao, 2 arouras of private land classed arable in year 13=12=5,

for cultivation from the sowing of the auspiciously approaching year 19=18=11 forever of these lands which the acknowledging Atisios registered in the registration of acreage under the censitor Sabinus,

and that he has in addition surrendered out of the royal land of himself and others in Section 1 in the locality called Te.inarty 7/16 aroura of land classed arable in year 13=12=5 and 37/64(?) aroura of uninundated land,

or however many there may be, more or less, with all their existing boundaries, irrigation channels, sluices, rights of way and the other rights of use and all privileges customary from the past to the present, the abuttals of these lands being, as they recited them: of the private and royal land in Section 1, all forming one block, on the east a farm of Ptollas, on the west a canal and beyond that dry land throughout, and of the private land in Section 5, on the east a farm of Tauemera, on the west a farm of Paësios,

without price or cession-money or any payment at all in exchange for the taxes thereon(?),

and that the acknowledging Atisios will guarantee with every guarantee to Heron and his representatives this cession of the aforementioned arouras, which he will also hand over unencumbered, not liable to distraint, not pledged to secure any debt, and clear of all taxes—the public imposts of all kinds, in wheat, barley, money and grain assessments, and other levies of every kind and, in short, every impost from past times through the month of Mesore of the current year 18=17=10 being the obligation of the acknowledging Atisios by reason of his retaining the sowing lying in these arouras in the present year— and (clear) of private liens and every claim forever,

and that from the present Heron will have title to and possession of the arouras ceded and surrendered to him, and hereafter, from the auspiciously approaching year 19=18=11, he will appropriate to himself the produce accruing therefrom, and he will manage the royal land as he chooses, and he will pay to the imperial treasury from the month of Thoth of the auspiciously approaching year 19=18=11 for all future time all the public imposts on them,

and that neither Atisios himself nor anyone else in his behalf will proceed against these arouras in any way, but on the contrary he will himself, immediately and at his own expense, thwart any person who shall in any way whatever bring suit or claim, apart from the fact that the foregoing terms too remain valid, neither Atisios who has made the surrender nor Heron to whom surrender has been made having the right to alter any of these terms or to infringe any of the provisions written herein, since they have proceeded to this cession and surrender on these terms voluntarily and of their own free will, and on formal interrogation they have acknowledged the accuracy and correctness of these presents.

(*2nd hand*) I, Aurelius Atisios son of Hatres, acknowledge that I have ceded in the *horiodiktia* of the village of Karanis private land to the total of 5 29/64 arouras, and in addition have surrendered royal land to the total of 1 1/64(?) arouras, which I will also hand over clear of every obligation and all taxes on them and the imperial assessment, and I guarantee and will abide by all the terms and will not infringe, as aforestated, and on formal interrogation I have acknowledged it. I,———, have written for him because he is illiterate.

(*3rd hand*) The cession and surrender of all the aforementioned arouras has been made to me, Aurelius Heron son of———, and I will pay all the public imposts on them from the month of Thoth of the approaching year 19=18=11 for all future time as aforestated, and on formal interrogation I have acknowledged it. I, Aurelius Ammonios, veteran, son of Theoninos, have written for him because he is illiterate.

## NOTES

1. For the restoration of this line cf. PThéad 2, 1.

2. The restoration of the imperial appellations at the end of this line presents something of a problem. There is clearly not room in the presumed lacuna for all the eight appellations which Diocletian and Maximian had accumulated by 302 A.D., and which are spelled out in full in PThéad 2. But other documents of this period—e.g. PLips 4 and 5, PBerl Möller 1 (= SB 7338), PThéad 1—show that the scribes often included some appellations and omitted others. The restoration suggested in the present instance is made on the assumption that a selection would tend to use the most repeated appellations; and these turn out, in fact, to fit perfectly the space requirements at the end of line 2 and the beginning of line 3. It is noteworthy, moreover, that this is the same selection of appellations that occurs in PBerl Möller 1 (= SB 7338) of 300 A.D., and that also in PLips 4 and 5, of 293/4 A.D., only the iterated appellations are included.

3-4. Both the Macedonian and the Egyptian month were presumably written at the end of line 3: cf. PThéad 1 and 2. The combinations that best fill the space are Hyperberetaios-Mesore and Artemisios-Phamenoth. The latter would be perhaps the more normal time for a contract to speak of the standing crop (line 15).

4-5. At the left edge of these lines there are shredded fibres with remains of ink. The vestiges in line 5 do not make it possible to choose between κ]νήμῃ and ὠ]λένῃ.

6. Thoth 22nd is all that is preserved of the date of the deed by which Atisios had previously acquired possession of the land which he here cedes. The preceding lacuna contained the year and, before that, a mention of the record office in which that earlier deed was executed, e.g. τοῦ ἐνθάδε γραφείου τῷ χ (ἔτει): cf. PMil Vogl 26, 19; PThéad 1, 6.

6-11. Most of the missing numerals and names are restorable here on the basis of a list of Atisios' land holdings to be found in an unpublished Columbia papyrus. However, the total amount of royal land involved here presents some difficulty. In the Columbia list the total appears to be one aroura, whereas **20** appears to require a small additional fraction to fill the available space in the restoration of line 21. Possibly the Columbia list will be found on closer inspection to have this additional fraction. Alternatively, in the absence of evidence to the contrary the possibility exists that in **20** Atisios transferred a total of less than one aroura of royal land, but this must be regarded as rather unlikely in view of the fact that the other parcels of land in this document are transferred in their entirety.

8. ἐπὶ Σαβείνῳ κηνσίτορι: The land census of 297 A.D., carried out in that and subsequent years in the Arsinoite nome under the censitor Julius Septimius Sabinus, constituted the basic land register of the Diocletianic-Constantinian era, and is cited nearly forty years later: cf. C. J. Kraemer, Jr.,

and N. Lewis, *Transactions of the American Philological Association* 68 (1937), pp. 367-69; PCair Isid 2, intr.

ἐκκεχωρηκέναι: It is clear from lines 16, 20-21, and 23, that παραχωρεῖν applies to the private land and ἐκχωρεῖν to the royal land. In other words, παραχωρεῖν means to cede a property to which one has title of ownership, while ἐκχωρεῖν denotes the surrender of a possession to which one does not have such proprietary right. This technical sense of ἐκχώρησις was first recognized by M. Amelotti, who published a new text (= SB 9086) in *Athenaeum* 26 (1948), pp. 76-82, and compared the use there with other first and second century occurrences of the term. (Amelotti's interpretation must be corrected, however, in the following particular: by the phrase ἀπὸ τοῦ νῦν εἰς τὸν ἅπαντα χρόνον the holder surrenders his rights "for all time" (cf. above, line 5), not "per tutto il tempo della sua concessione.") The two verbs, παραχωρεῖν and ἐκχωρεῖν are found in several land sales of the sixth and seventh centuries, but by that time, all royal land having long since passed into private ownership (cf. above, p. 42), the original distinction between the terms had ceased to exist and their continued use can hardly have been more than a vestigial survival. Thus, the two verbs are coupled in PCairo Masp 67169 *bis* and SB 5112-14 (cf. also PGrenf I, 60), but ἐκχωρεῖν is omitted in PLond 77 and PMon 12 and 13, and neither is used in PMon 11. (παραχωρεῖν alone in the κρατεῖν καὶ κυριεύειν clause occurs as early as 13 B.C.: BGU 1059 and 1129.)

9. α[ὐτ]οῦ probably fits the space better than Ἀ[τισί]ου.

τοῦ αὐτοῦ καὶ ἄλλων βασιλικῆς γῆς: With this designation of royal land as being in the possession "of himself and others" may be compared the following contemporary land declarations, in which individuals register royal land as part of their own κτῆσις: PCairo Isid 3 and 5, PCorn 20a (= WChr 229), PThéad 54 and 55. Similarly, in PCairo Preis 4 (= WChr 379; 320 A.D.) a petitioner says οὐ[σ]ιακὴν γῆν κέκτημαι . . . ἀπὸ διαδοχῆς τοῦ πατρὸς ἐλθοῦσαν εἰς ἐμέ (lines 5-7); in CPR 19 (= MChr 69; 330 A.D.) a man speaks of wanting to sell some land including οὐσιακῆς γῆς ὑποτελοῦς (line 6); and in SB 6612 (365 A.D.) one individual purchases from another twelve arouras of royal land and becomes thereby at least the third private owner of the tract.

On the meaning of σπορᾶς ιγ (ἔτους) κτλ., see N. Lewis, *Journal of Egyptian Archaeology* 29 (1943), pp. 71-73.

10. On the basis of this line BGU 1049, 9, may be restored ποτείστρες καὶ ἐκ[χύ]σεσ[ι.

11. ἐν ἑνὶ πήγματι: Though the use of the word πῆγμα, which denotes something joined together, is unprecedented in this connection, the sense is clear. A metaphorical occurrence of the same sense is cited from the Septuagint in Liddell-Scott-Jones, *s.v.*

διῶρυξ μεθ' ἥν: For this restoration cf. PCairo Isid 3-5. Apparently canals and water-channels were not regarded as constituting, by themselves, adequately identifying boundaries.

Land declarations of this period regularly give only the eastern and western boundaries of land parcels: cf. BGU 1049, PCairo Isid 3-5, PCorn 19, PThéad 54 and 55.

13. παρέξα[σθαι: This aorist-contaminated future form occurs in similar context in CPR 175, 18, and 211, 12, PStrasb 151, 16, and PThéad 1, 12, and 2, 10 (reign of Trajan to 306 A.D.). The same development is seen in the form ἐπελεύσασθαι, on which cf. Mayser, *Grammatik* I 2, p. 164.

For the restoration at the end of the line cf. also BGU 94, 13 and 17.

13-14. These lines suggest the following restoration for BGU 1049, 15: ἀπὸ μὲν δημοσίον τελῶν σιτικῶν τε καὶ κρι[θικῶν.

14. ἐπιβολῶν: In the third and fourth centuries ἐπιβολή was used, in contexts such as this, as a generic term for a levy or requisition. Other occurrences of this usage are found in OStrasb 459 and 577, PLond 1157R, POxy 1653 and 1662, and SB 4284. The genesis of this usage is illustrated by a phrase in the edict of Aristius Optatus (PCair Isid 1=SB 7622), τὰς ἐπιβολὰς τῶν δημοσίων εἰσφορῶν (lines 3-4), "the levies of the public taxes." From the act of levying, ἐπιβολή came by a natural transition to denote the result of the act, i.e. the impost itself. Cf. also Liddell-Scott-Jones, *s.v.* II. 3.

15. διὰ τὸ κτλ.: The same situation in reverse is found in PMil Vogl 26 and BGU 1049. In those

deeds, the *transferee* receives the standing crop and with it the tax obligation of the current year: διὰ τὸ καὶ τὸ τοῦ ἐνεστῶτος ἔτους γένημα συνπαρακεχωρῆσθαι, PMil Vogl 26, 11-12; διὰ τὸ καὶ τὴν ἐπικειμένην σπορᾶς [*l.* -ἀν] τῆς αὐτῆς ... ἰνδι‹κ›τίονος ἄγουσα [*l.* ἄγειν] πρὸς τὰ σαλάρια, BGU 1049, 19.

16-17. The common formula here would be τὰ ἐξ αὐτῶν περιγινόμενα ἀποφέρεσθαι (αὐτὸν) εἰς τὸ ἴδιον καὶ ἐξουσίαν ἔχειν διοικεῖν καὶ οἰκονομεῖν περὶ αὐτῶν ὡς ἐὰν αἱρῆται (e.g. PThéad 1, 13-14 and 2, 12-13). It is clear from the beginning of line 17 that **20** employed a variant of the formula. The restoration is suggested by **21** (line 14), whose formulae parallel those of **20** at most points.

If, as appears likely, the phrase at the end of line 16 and the beginning of line 17 singled out the royal land alone for separate mention, its intent was no doubt to emphasize that the assignee acquired full control of that land even though it was categorized as βασιλική (cf. above, note to line 9).

19. ἐκχωρη[θέντι: There can hardly be any doubt about this restoration. The passive of ἐκχωρεῖν may refer either to the thing surrendered (BGU 872, 4; CPR 80, 9), or to the person to whom surrender is made (SB 9086, II 8 and III 6). This parallels the usage of παραχωρεῖν, the passive of which can mean either "to be ceded", said of property, or (as noted already by Dittenberger, OGIS 669, 28n.) "to be ceded to", said of the recipient of the property ceded. Among the numerous examples of these uses special attention may be drawn to POxy 271 and 1208, PTeb 30 and 31, in each of which both meanings of the passive occur in the same document.

For the restoration of the line cf. PCair Isid 81, 25-28. A variant formula occurs in **21**, 17 (and PCair Isid 82).

21. See note to 6-11, above.

22. διατυπώσεως: For the meaning (= *delegatio*) cf. PCair Isid p. 206, PMerton II, p. 135.

γέγονεν εἰς ἐμέ: cf. PThéad 1, 19 and 2, 17, BGU 1049, 29; also SB 8246, 26: τὴν γεγενημένην εἰς αὐτοὺς παραχώρησιν.

22-24. The signature of the transferee is rare in transfers of property from Egypt, and appears to be an innovation of the fourth century. A. Erhardt conjectured (*Zeitschrift der Savigny-Stiftung*, Roman. Abt. 51 [1931], p. 154 note 2) that its purpose in BGU 1049, as in SB 6612, may have been to have the new owner's written acknowledgment that he assumed the tax liability for the property. An explicit statement to that effect is in fact found here in **20** and may have been included in the now lost part of BGU 1049, but is not made in the corresponding subscriptions of PThéad 1 and 2.

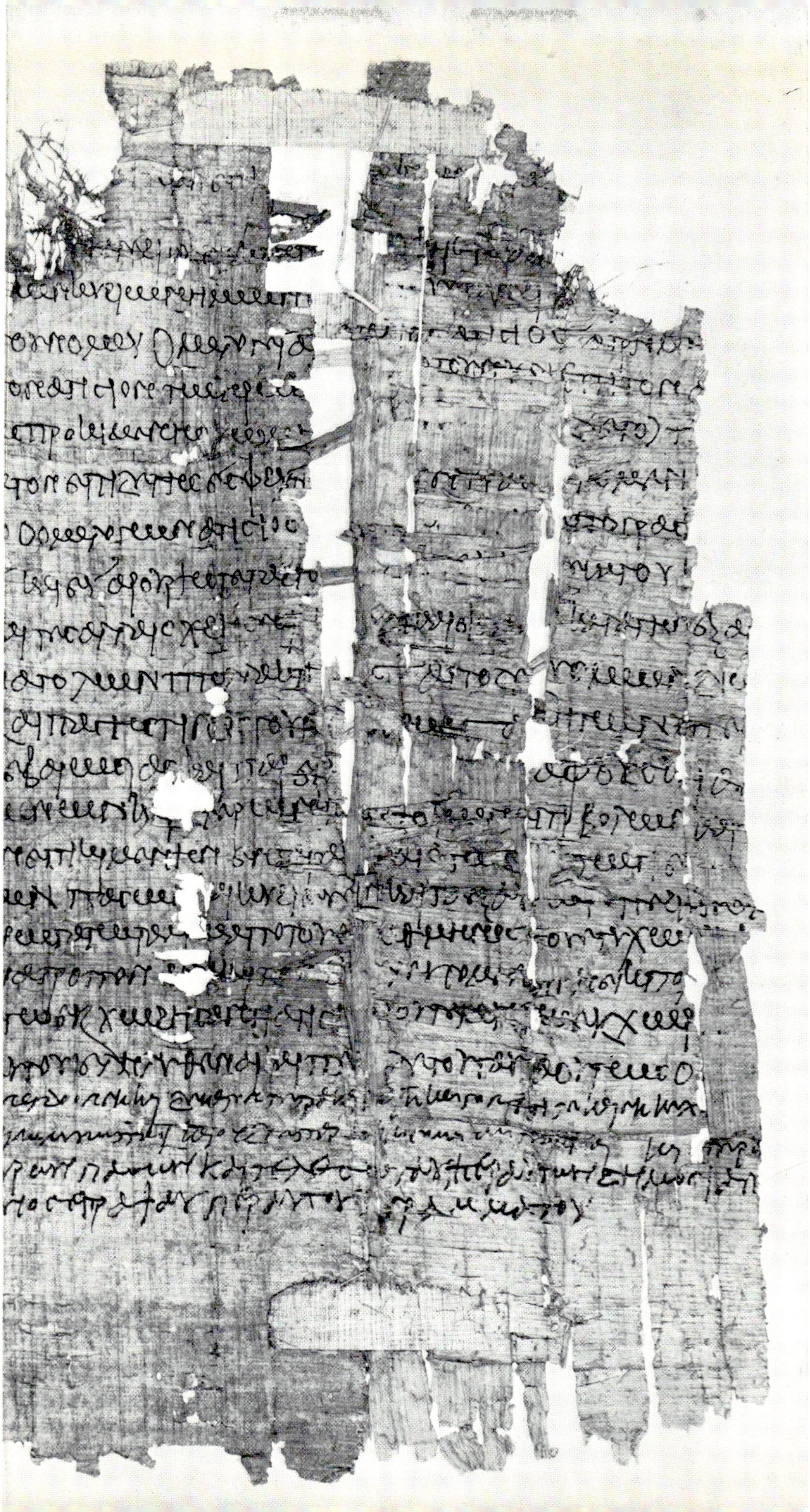

## 21

## CESSION OF LAND

Inv xv, 49d  14.5 × 6.3, 5.8 × 4.6 and 24 × 6 cm.  297-306 A.D.

These three fragments—two of them adjoining and the third not quite so—preserve a narrow strip, complete at top and bottom, from a once extensive contract written in a rather angular, medium-sized cursive. The scribe's spelling is accurate except for the usual indiscriminate use of ι and ει.

The dating formula in lines 1-2 shows that about 70-75 letters are lost at the left of the extant fragments, and about 25 letters at the right. Even in its exiguous remains the text shows striking affinities with that of **20**. The two documents are dated within (at most) five years of each other; the extant language of **21** varies from that of **20** in only a few particulars; one of the land parcels ceded in **21** has the same eastern boundary (line 10) as one of the parcels ceded in **20** (line 11); the name of the transferee is Heron in both documents, and in view of all these coincidences it seems safe to assume that both **20** and **21** record land acquisitions by the same individual.

Καί]σαρος [Μάρκου Αὐρηλίου Οὐ]αλερίου Μαξιμιανοῦ Γερ[μανικῶν
]Κω[νστ]αντίο[υ καὶ Γαλερίου Οὐα]λερίου Μαξιμιανοῦ τ[ῶν ἐπιφανεστάτων
μη]τρὸς Θαλλοῦτος [ἀπὸ κώμης Κα]ραγίδος ὡς ἐτῶν ἑξ[ήκοντα
ἀπὸ τοῦ νῦ]ν ἐπὶ τὸν ἅπαντ[α χρόνον τὰς ὑπα]ρχούσας αὐτῷ καὶ ἀπο[γραφείσας
5  τῆ]ς Ἡρακλίδο(υς) μερίδ[ος ἐπὶ μὲν τ]ῆς πρώτης σφραγῖδος ἐν τό(πῳ) [
λεγο]μένῳ ἰδιωτικῆ[ς γῆς σπαρείσης] ι[δ] (ἔτους) ⸍ καὶ ιγ(ἔτους)[ ⸍ καὶ ϛ (ἔτους) ⸍
ἐ]πὶ τῆς προκιμ[ένης σφραγῖδος ἐν τό(πῳ) . . . . . ωτ[ λεγομένῳ
]ἀρούρης ἡμι[συ τέταρτον ὄγδ]οον ἐπὶ παντὸς[
]ὧν γίτονες καθὼς ἡ προ[κιμέ]νη ἀπογραφὴ [περιέχει
10  σ]φραγῖδος ἀρουρῶ[ν . . . . ἀπὸ μὲν ἀν]ατολῶν Ταυη[μέρας κτῆσις
]ν τῷ Ἥρωνι καὶ τοῖς παρ' α[ὐτοῦ τὰ κ]ατὰ τὴν παραχ[ώρησιν
σιτ]ικῶν δε καὶ κριθικῶν κ[αὶ ἀργυρι]κῶν καὶ ἀννωνῷ[ν
]καὶ τὴν [ἐπ]ικιμένην ἐν τ[αῖς ἀρούρ]αις τῷ ἐγ[εστῶτι ἔτει
κ]αὶ τὰ ἐξ αὐτῶν περιγεινόμ[ενα ἀπὸ] τοῦ ἑξῆς εὐτου.[
15  εἰσιό]ντος ἔτους τὰ δημ[όσια πά]ντα καὶ ἀννώνα[ς
καθ' ὁντιναοῦν] τρόπον ἐπ' ἀσφαλί[α . . . . ]ων ἀποστήσιν αὐ[τὸν
τῷ παραχωρηθέν]τι Ἥρωνι . . . [ . . . . . . ] αὐτὸν ἀλλάξε τὸν[ ἕτερον
καλῶ]ς γεγο[νέναι ἐπερωτηθὶ]ς ὡμολόγησεν. [(2nd hand) Αὐρήλιος
]ἔτι τε κ[αὶ ἐκκεχωρηκένα]ι [βασιλι]κῆς γῆς ἐπὶ τὸ αὐτὸ ἀρ[ουρ
20  ὑπὲρ αὐτοῦ ἀγραμμάτ]ου. (3rd hand) [Αὐ]ρήλιο[ς Ἥρων
]. . σι[ ] [.] . . . . . ον . . .[

12. l. τε.  14. ἐξ: ξ corr. from α.  17. l. ἀλλάξαι.

[49]

## NOTES

1-3. **21** obviously employed the same dating formula as did **20**. In **21** line 1 ended with the word Σαρματικῶν, line 2 with Καισάρων.

6. The space seems to be too long for σπορᾶς. For the participle σπαρείσης as an alternative expression, cf. PCair Isid 4, 10.

7. The letter before ωτ is λ or τ.

8. The position in the text and the small amount make it probable that these words refer to βασιλικὴ γῆ: cf. **20**.

11. This is the guarantee clause; ]ν is the end of αὐτὸν or of the name of the person making the cession to Heron.

14. What is preserved of the last letter looks more like σ than like χ. Probably there was a haplography, εὐ<τυχῶς εἰσιόντος ἔ>τους.

16. After τρόπον the text is something of a puzzle. The reading επασ seems reasonably secure, even though the tops of the letters are gone; the following letter has mostly disappeared, but the vertical stroke characteristic of φ is visible. For the word after ἀσφαλί[ᾳ one thinks of αὐτ]ῶν or τούτ]ων. However the phrase is to be read and restored, it is apparently new in this context; it does not seem possible to read ἐπελευσόμενον or any of the other familiar formulaic terms.

17. Cf. PCair Isid 82, 12 and note.

21. *At the left*: perhaps δη]μόσι[α. *At the right*: While the letter before ον can be ι or τ, neither ἰσιόντος[ nor ἐπὶ (or εἰς) τὸν ἀεὶ [χρόνον appears to be a possible reading.

## 22

## LOAN OF WHEAT

Inv xv, 14  25.4 × 12.4 cm.  September 1, 329 A.D.

The papyrus is complete but the surface is badly abraded, so that the writing is irrecoverable in places. The first hand is a skilled, regular cursive having the general characteristics of this period. The signature hand is similar, but more slanting and more angular.

The text is a contract in which Sarapion son of Venaphris acknowledges receiving from an ex-strategos, Antonius Sarapammon, a loan of four artabs of wheat repayable at the next harvest. Interest in this instance is at the rate of one third, instead of the one half which is more common in loans of this kind. Sarapion accordingly here acknowledges an indebtedness of 5 1/3 artabs. On the type of formula here employed, see N. Lewis, *Transactions of the American Philological Association* 76 (1945), pp. 126-39 (to the examples given there may now be added **23**, **24**, and PCair Isid 95).

Heron son of Hol appears in the contract as surety. It is interesting to note that he is specifically stated to be surety in and for each of the several parts of the transaction: for the receipt of the loan (line 4), for the reapayment (line 11), for the execution by the lender in case of default by the borrower (lines 17-18), and again, in the signature, for the receipt and repayment (line 24).

The language of the acknowledgment begins in the third person, but changes at line 10 to the first-person "subjective" style (similarly in **24** and PCair Isid 95).

ὁμολο]γεῖ Αὐρή[λ]ι̣[ος Σαρα]πίων Οὐεναφρεως
μ[ητρὸς] Εἰρήν[ης ἀπὸ] κώ[μης] Κ[αρα]νίδος
ὡ]ς ἐτῶν τρ[ιά]κ[ον]τα οὐλὴ κά‹τ›ω χερὸς
ἀριστερᾶς μετ' [ἐγγύο]υ Αὐρηλίου Ἥρω[ν]ος Ὁ[λ
5 ἀπὸ τῆς αὐτῆς κώ[μης ἔ]χειν καὶ με[με-
τρῆσθαι παρ[ὰ Ἀν]τωνίου Σα[ραπά]μμωνος
ἀπὸ στρατηγιῶν διὰ Ἡρᾶ προνοητοῦ
πυροῦ σὺν τρίτου μέρους ἀρτάβας πέντε
τρίτον (ἀρτ.) ε γ⌐, ἅσπερ ἐπάναγκαν
10 ἀποδώσω σοι ἐνπ[ρ]όθεσμος μηνὶ Παῦνι
τ]ῇ̣[ς] τ̣[ρ]ί̣[τη]ς̣ [ἰ]νδικ(τίονος) [με]τ' ἐγγύου Ἥρωνος
Ὁλ μέτρῳ τετραχοινίκῳ δικαίῳ τὸ δὲ γένος
νέον καθαρὸν ἄδολον εὐάρεστον ἀνυπερ-
θέτως καὶ ἐπὶ τῆς ἀπαιτήσεως γίγνε-
15 σθαί σοι τὴν πρᾶξιν ἔκ τε ἐμοῦ τοῦ ὁμ[ο-
λογοῦντος Σαραπίωνος ἢ καὶ ἐκ τῶν
ὑπαρχόντων μοι μετ' ἐγγύου τοῦ αὐτοῦ
Ἥρωνος καθάπερ [ἐκ δίκ]ης καὶ ἐπερ(ωτηθεὶς) ὡμο(λόγησα).
ὑπατείας τῶν δεσποτῶν ἡμῶν Κωνσταντίνου
20 Σ[ε]βασ[το]ῦ [τ]ὸ η — καὶ Κωνσταντίνου το[ῦ] ἐπιφανεστ[άτου
Κα[ί]σαρος [τὸ δ] — Θὼθ δ —. (2nd hand) Αὐρήλιο[ς] Σαραπίω[ν
ἔσχον τὰς τοῦ πυροῦ ἀρτάβας π[έντε

[51]

τρίτον καὶ ἀποδώσω τῇ προθεσμίᾳ
μετ' ἐγγυίου Ἥρων(ος) ὡς πρόκιται.
25 Αὐρ(ήλιος) Κοπρῆς Παήμους ἔγραψα
ὑπὲρ αὐτοῦ ἀγραμμάτου.

*(Verso)*

χι(ρόγραφον) Σαραπίω[νος] Οὐεναφρεως [ἀπὸ κώμης Καρ]α[ν]ίδος π[υροῦ
ἀρτά]β[αι πέντ]ε τρίτον (ἀρτ.) ε γ =
μόγ[αι.

8. *l.* τρίτῳ μέρει.  9. *l.* -αγκον.  11. ι]νδικ =, εγ'γυου (also 17) Pap.
24. *l.* ἐγγύου.

## Translation

Aurelius Sarapion son of Venaphris and Eirene, from the village of Karanis, about thirty years of age, with a scar on the lower part of his left hand, having as his surety Aurelius Heron son of Hol, from the same village, acknowledges that he has received and has had measured out to him from Antonius Sarapammon, former strategos, through his agent Heras, five and one-third artabs of wheat (5 1/3 art.) including interest of one third, which I, with Heron son of Hol as surety, am under obligation to repay to you without delay within the appointed time in the month of Payni of the third indiction, using the legal four-choinix measure, and in quality fresh from the harvest, free from dirt, unadulterated, and in good condition; and that upon formal demand you are to have the right of execution, with the same Heron as surety, both upon me Sarapion, the acknowledging party, and also upon my property, just as if in accordance with a legal judgment, and on formal interrogation I have acknowledged it.

In the consulship of our lords Constantinus Augustus (consul) for the 8th time and Constantinus the most illustrious Caesar (consul) for the 4th time, Thoth 4th.

*(2nd hand)* I, Aurelius Sarapion, have received the five and one-third artabs of wheat, and I will repay on the appointed day, with Heron as my surety, as aforesaid. I, Aurelius Kopres son of Paëmes, have written for him since he is illiterate.

*(Docket on Verso)* Note of hand of Sarapion son of Venaphris from the village of Karanis, 5 1/3 art of wheat, total.

## NOTES

6. Antonius Sarapammon is attested as strategos of the Arsinoite nome in 312-14 A.D.: cf. PStrasb 45, PCair Isid 54, PFlor 54 (text revised in *Archiv* 4 [1908], p. 434). On ἀπὸ στρατηγιῶν see N. Lewis, *AJP* 81 (1960), pp. 186-87.

10 and 23. In late Ptolemaic, Roman, and Byzantine Egypt loans payable in kind were due after the harvest began, usually by Payni 30th (ἡ προθεσμία [sc. ἡμέρα]).

## 23

## LOAN OF GRAIN

Inv xv, 49j  15 × 14.5 cm.  326/7 A.D.

A very badly mutilated fragment of a loan agreement. The borrower is probably the same Sarapion as in **22**. If the amount is correctly restored in lines 8-9, he undertakes to repay 18 3/4 artabs, which suggests a loan of 12 1/2 artabs at the customary interest of one-half.

      (traces of five lines)
6 [ἔχειν παρ' αὐτοῦ ὁ ὁμολογῶν]
   Σ[α]ρ[απ]ίων ἐν γ[ένει σὺν ἡμιολίᾳ
   κριθῆ]ς ἀρτάβας [δέκα ὀκτ]ὼ ἥμι[συ
   τέταρτον ἅσπερ [ἐπά]γαγ[κον ἀ-
10 ποδώσιν τὸν ὁμολογοῦν[τα
   ἐν τῇ προθεσμίᾳ μηνὶ Παῦ[νι
   γ]ενήματος ιϛ ∕ ἰνδικτίονος
   - - - - - - - (broken) - - - - - - - - -

## 24

## LOAN OF WHEAT

Inv xvi, 1                  27.3 × 13.3 cm.           September/December 373 A.D.

(Previously published in *Studi in Onore di Aristide Calderini e Roberto Paribeni* II, p. 321-23.)

The papyrus is complete and well preserved. The hand is a rather easy, upright cursive with a number of bold flourishes, especially in the writing of α, δ, and κ.

Aurelia Tetoueis borrows from Aurelia Koutina six artabs of wheat, to be repaid with the customary interest of one-half at the next harvest (cf. **22**, 10n.). The language of the contract shifts back and forth from third person to first person (cf. **22**). The mechanical employment of formulaic stereotypes is further evidenced by the scribe's use of masculine forms throughout this contract between two women (for a similar instance cf. PCair Isid 63, 21ff. and note). Spelling is phonetic, with quite indiscriminate interchange of long and short vowels, particularly o and ω; such aberrations are not separately noted in the apparatus.

On the Aurelia Tetoueis "archive", see further *AJP* 81 (1960), pp. 157-75 and 82 (1961), pp. 185-87.

       ὁμολογεῖ Αὐρηλία Τετούεις
       Ἁτρῆ ἀπὸ κώμης Κερανίδος
       Αὐρηλίᾳ Κουτίνᾳ Ἠλία ἀπὸ τῆς Ἀρσι-
       νοιτῶν πόλεως ἔχειν τὸν ὁμολογοῦν-
5    τον σίτου σὺν ἡμιωλίας ἀρτάβας ἐννήα
       (ἀρτ.) θ ἅσπερ ἐπάναγκον ἀποδώσω
       τῇ προθεσμίᾳ μηνὶ Παῦνι τῆς ἐνεστώ-
       σης τρίτης ἰνδικτίονος τῷ γένος
       νέων καθαρῶν ἀδόλων εὐάρεστον
10   ἀνυπερθέτως καὶ ἐπὶ τῆς ἀπετήσεως
       γένεσθαι τῇ Κ[ο]υτίνᾳ τῆς πράξεως
       ἔκ τε τὸν ὁμολογοῦντον ἢ κὲ ἐκ τὸν
       ὑπαρχόντον αὐτοῦ πάντων κα-
       θάπερ ἐκ δίκης καὶ ἐπερωτηθὶς
15   ὡμολόγησα. ὑπατίας τῶ[ν] δεσπο-
       τῶν ἡμῶν Οὐαλεντινια[ν]οῦ καὶ Οὐ-
       άλεντος τῶν αἰωνίων [Αὐγο]ύστου τὸ δ.
       Αὐρηλία Τετούεις ἔσχον τὰ‹ς› τ[ο]ῦ σ[ίτ]ου
       σὺν ἡμιωλίας ἀρτάβας ἐνγήα καὶ ἀπο-
20   δώσω τῇ προθεσμίᾳ ὡς πρόκιται.
       Αὐρήλιος Ὂλ ἔγραψα ὑπὲρ αὐτοῦ παρόντος
       ἀγράμματον.

       (*Verso*)
       χι(ρόγραφον). Τιτού[εις] Ἁ[τρῆ] ἀπὸ κόμη[ς] Κ[αρ]ανίδος [σίτου (ἀρτ.) θ.

4-5. *l*. ὁμολογοῦντα (for -οῦσαν).    5, 19. *l*. ἡμιολίᾳ.    11. *l*. γίνεσθαι... τὴν πρᾶξιν.    12. *l*. τῶν ὁμολογούντων (for τοῦ -ντος, for τῆς -ούσης).    17. *l*. Αὐγούστων.    22. *l*. ἀγραμμάτου.

*Translation*

Aurelia Tetoueis daughter of Hatres, inhabitant of the village of Karanis, acknowledges to Aurelia Koutina daughter of Elias, inhabitant of the city of Arsinoë, that the acknowledging party has received nine artabs (9 art.) of wheat including interest of one-half, which I will perforce repay without delay on the appointed day in the month of Payni of the current third indiction, in quality fresh from the harvest, free from dirt, unadulterated, and acceptable, and that on formal demand Koutina is to have the right of execution both upon the acknowledging parties and also upon all his property just as if in accordance with a legal judgment, and on formal interrogation I have acknowledged it. In the 4th consulship of our lords Valentinianus and Valens, the eternal Augusti.

I, Aurelia Tetoueis, have received the nine artabs—including interest of one-half— of wheat, and I will repay on the appointed day as aforestated. I, Aurelius Hol, have written for him in his presence since he is illiterate.

(*Docket on verso*) Note of hand. Titoueis daughter of Hatres, inhabitant of the village of Karanis, 9 art. wheat.

NOTES

11. τῇ: The scribe first wrote τινα (anticipating Κουτίνα), then smudged out the ι and wrote η over ν, but neglected to erase the α.

23. This line gives the docket as it was read more than twenty years ago. Very little of it is distinguishable today.

## 25

## LETTER

Inv xv, 13                          25 × 17 cm.                          IV century A.D.

The papyrus is complete and well preserved. The first (scribe's) hand is a good-sized upright cursive with occasional bold flourishes. The salutation at the end, presumably added by the sender himself, is in a bold slanting hand.

The text is a letter from one Kopres to his father, Heron. The message concerns an ἀλλαγή, a term which appears here to parallel semantically our English expression "a shift" as applied to a relay of workmen. An ἐπιμελητής, not further identified, is said to be holding up the workmen. In the chronic manpower shortage of the fourth century the Egyptian villages were frequently required to furnish laborers for various public services (cf. F. Oertel, *Die Liturgie*, pp. 82-88); and the superintendence of public buildings and works was among the functions performed by ἐπιμεληταί. This conjunction suggests that the ἀλλαγή mentioned in this letter was a crew of laborers recruited for some public work. The mention of λιθάρια at the end of the letter, if related to the earlier part, suggests further that the work was either in construction or in quarrying.

Precisely such activities are, in fact, attested by contemporary documents from Theadelphia. PThéad 34 and 35 (325 A.D.) contain two receipts issued by an ἐπιμελητὴς ἐργατῶν τῶν κατὰ τὴν ἀλαβαστρίνην μεγάλ(ην) to the comarchs of Theadelphia for furnishing one and two workmen for three-month periods. PThéad 34 also has a similar receipt issued by an ἐπιμ(ελητὴς) ἱεροῦ Ἑρμείου Μέμφεως. PThéad 36 (327 A.D.) contains two similar receipts issued by an ἐπιμελητὴς τεχνιτῶν ἀποστελλομένων ἐν ἀλαβαστρίῳ Ἀλεξανδρίας and by ἐπιμ(εληταὶ) ἐργατῶν ἀρτοκοπιῶν Ἀλεξ(ανδρείας). Cf. also PThéad 58 as revised in SB 5615, and the introduction to PCair Isid 81.

        τῷ κυρίῳ μου πατρὶ Ἥρωνι Κοπρῆς
                χαίρειν·
        πρὸ πάντων εὔχομαι τῷ θεῷ ὑγιένοντί σοι
        καὶ εὐθυμοῦντι ἀποδοθῆναι τὰ παρ' ἐμοῦ γράμματα.
5     ὡς ἔπεμσές με τῇ εἰκάδι τοῦ Χοίακ ἵκα πρὸ πάν-
        των τῆς ἀλλαγῆς. μὴ νόμιζε οὖν ὅτι ἐγὼ
        κατέχω τ[ο]ὺς ἐργάτας, ἀλλ' ὁ ἐπιμελητής
        ἐστιν ὁ αὐτοὺς κατέχων. ἀλλὰ σπούδασον οὖν
        καὶ σὺ πρὸ πάντων τὴν ἀλλαγὴν πέμσαι. ⟦εα⟧ ἐὰν
10    δὲ μὴ πέμψῃς τῇ ὡρισμένῃ ἡμέρᾳ τὴν ἀλλαγήν,
        καθώσπερ μοι συνετάξω, εὐθέως τῆς ἡμέρας
        τῆς ἀλλαγῆς καταλαβούσης ἀπαντήσω πρὸς σέ.
        ἀσπάζομαι πάντας τοὺς ἡμετέρους κατ' ὄνομα.
        καὶ ἐὰν θέλῃς πέμσαι Ἀλῦπιν διὰ τὰ λιθάρια, πέμσον·
15    ηὕρηκα γὰρ αὐτὰ πρὸς δέκα καὶ ὀκτὼ τάλαντα
        ἕκαστον λιθάριν. (2nd hand) ἐρρῶσθαί σε εὔχομαι πολλοῖς
                χρόνοις.

(*Verso, 1st hand*) κυρίῳ μου πατρὶ Ἥρωνι Κοπρῆς.

[56]

3. *l.* ὑγιαίνοντι.  5. *l.* ἔπεμψές (sim. 9, 10, 14) μοι (or <πρός> με). ϊκα Pap., *l.* ἦκα.
7. ἀλλ' Pap.  15. η corr. from π (app. incipient dittography of πεμσον).

*Translation*

To my lord father Heron, Kopres (sends) greetings. Before all else I pray to (our) god that this letter from me finds you on delivery in good health and in good spirits. As you sent me (word) on the twentieth of Choiak, I have come especially for the shift. So don't think that I am holding back the laborers, but the epimeletes is the one who is holding them back. But do you too exert yourself before all else to send the shift. If you do not send the shift on the appointed day as you arranged with me, as soon as the day of the shift arrives I will come to you. My greetings to all our family by name. Also, if you want to send Alypis for the stones, send him, for I have found them at eighteen talents each stone. (2nd hand) I pray that you fare well for many years.

(*Address on verso*) To my lord father Heron, (from) Kopres.

NOTES

6ff. On the meaning of ἀλλαγή, cf. *Archiv* 5 (1913), pp. 189-91 and 450-1.

7. In addition to the ἐπιμεληταί of workmen noted in the introduction to this text, ἐπιμεληταί of public buildings and works are found in the following papyri of the second and third centuries: *Archiv* 4 (1908), pp. 115-22, PAmh 64, PBad 74, PBrem 38, PFuad Univ 14, POxy 54 (= WChr 34), 1409, 1117, 2128, St Pal V, 66-67, 82, 83, 86, 94 (= WChr 195, 194), 127 (= XX, 68). The office is discussed by F. Oertel, *Die Liturgie*, pp. 302-8.

17. The word πατρί is decorated with five broken horizontal lines (— —) above and eleven below.

# INDEXES

## I. EMPERORS AND REGNAL YEARS

Diocletian, Maximian, Constantius and Galerius

Αὐτοκράτωρ Καῖσαρ Γάιος Αὐρήλιος Οὐαλέριος Διοκλητιανὸς καὶ Αὐτοκράτωρ Καῖσαρ Μάρκος Αὐρήλιος Οὐαλέριος Μαξιμιανὸς Γερμανικοὶ Μέγιστοι Σαρματικοὶ Μέγιστοι Περσικοὶ Μέγιστοι Εὐσεβεῖς Σεβαστοὶ καὶ οἱ κύριοι ἡμῶν Φλάουιος Οὐαλέριος Κωνστάντιος καὶ Γαλέριος Οὐαλέριος Μαξιμιανὸς οἱ ἐπιφανέστατοι Καίσαρες, ἔτος ιη=ιζ=ι **20** 1, 2, 14, [ἔτ. —] **21** 1; ιγ=ιβ=ε ἔτ. **20** 6, 7, 9; ιδ=ιγ= ϛ ἔτ. **21** 7; ιθ=ιη=ια ἔτ. **20** 8, 16, 17, 23

Galerius

εἰκοστὸς ἔτος **4a** 8

?

ζ ἔτος **18** 22

## II. CONSULS

ὑπατίας τῶν κυρίων ἡμῶν Κωνσταντίου καὶ Μαξιμιανοῦ τῶν ἐπιφανεστάτων Καισάρων τὸ δ / (302 A.D.) **20** 1
ὑπατείας τῶν δεσποτῶν ἡμῶν Κωνσταντίνου καὶ Λικινίου Σεβαστῶν τὸ β / (312 A.D.) **4a** 13
ὑπατείας τῶν δεσποτῶν ἡμῶν Κωνσταντίνου Σεβαστοῦ τὸ ε̄ καὶ Λικινίου τοῦ ἐπιφανεστάτου Καίσαρος τὸ ᾱ (319 A.D.) **4a** 17
ὑπατείας τῶν δεσποτῶν ἡμῶν Κωνσταντίνου Σεβαστοῦ τὸ η- καὶ Κωνσταντίνου τοῦ ἐπιφανεστάτου Καίσαρος τὸ δ- (329 A.D.) **22** 19
ὑπατίας τῶν δεσποτῶν ἡμῶν Οὐαλεντινιανοῦ καὶ Οὐάλεντος τῶν αἰωνίων Αὐγούστου (sic) τὸ δ(373 A.D.) **24** 15

## III. INDICTIONS

πρώτη **6** 3
δευτέρα **5** 40, 46, 53; **8** 4
δευτέρα νέα **7** 14
τρίτη **10** 2, 7; **22** 11; **24** 8
τρίτη νέα **5** 9; **9** 2, 6, 11
τετάρτη **5** 5, 16, 23; **10** 11
ἑβδόμη **11** 2, 6
ὀγδόη **4a** 23, 25
ἐνάτη **11a** 175
δεκάτη **3** 4
ἑνδεκάτη **11a** 2, 136, 140
δωδεκάτη **4** 5, 13; **11a** 7, 22, 30, 35
τρισκαιδεκάτη **11a** 12, 18, 26, 41, 48, 52, 56, 61, 64, 70
τεσσαρεσκαιδεκάτη **11a** 73, 77, 82, 88, 92, 97, 100, 109, 115, 123

πεντεκαιδεκάτη **11a** 105, 127, 133, 144, 151, 154, 155, 158, 164, 168
ἑκκαιδεκάτη **5** 26, 34
ϛ **2** 3
ζ **4** 9
η **17** 1, 11
θ **11a** 201, 204, 206
ι **3** 4; **12** 2, 44; **16** 2
ια **11a** 2, 137
ιβ **11a** 207, 209
ιγ **11a** 185
ιδ **5** 56, 60, 64, 66; **11a** 190
ιε **5** 63, 66; **11a** 183
ιϛ **23** 12

## IV. MONTHS AND DAYS

Θωθ **5** 15, 26, 34; **11** 1; **11a** 51, 55, 63, 121; **13** 21; **20** 6, 17, 23; **22** 21
Φαῶφι **11** 5; **11a** 167, 178, 181, 208
Ἀθύρ **4a** 16; **5** 60; **11a** 41; **14** 1
Χοίακ **4a** 19; **11a** 68, 150, 199; **14** 2; **25** 5

Μεχείρ **6** 1; **11a** 204
Παχών **5** 66; **11a** 113
Παῦνι **4** 1; **7** 12; **11a** 10, 11, 17, 25; **13** 1; **22** 10; **23** 11; **24** 7
Ἐπείφ **5** 8, 39, 45; **9** 1, 6, 10; **10** 10; **11a** 6, 73,

[58]

77, 82, 88, 96, 100, 105; **13** 14; **17** 3, 12, 23
Μεσορή **10** 1, 5; **11a** 1, 29, 34, 92, 109, 127, 132, 143; **13** 17; **15** 2, 38; **20** 14

ἐπαγόμεναι **11a** 1, 47, 136, 139, 157
εἰκάς **25** 5

## V. PERSONAL NAMES

Ἀβαοῦς f. of Ptolemaios **12** 45
—— s. of Paësios **12** 13; **17** 32
Ἀβόκ **17** 17, 19
—— s. of Paianos **17** 23, 28
—— s. of Petaous **17** 27
Ἀβοῦς f. of Antiouris **9** 1, (6), 10
Ἀγενῆς f. of Herakles **17** 31
—— s. of Eiseias **16** 7
Ἀεῖς d. of Pe —— **17** 6
Αἰλῶν f. of Aion **11a** 109
Αἰῶν **13** 18, 19, 23, 26; **14** 7
—— f. of Heron **16** 11
—— f. of Papeis **12** 5, 41
—— s. of Ailon **11a** 109
Αἰῶν s. of Sarapion **4** 3, 8, 12; **5** 2, 21, 52; **11** 1, 5; **11a** 6, 20, 34, 41, 47, 51, 63, 68, 100, 113, 121, 150, 153, 174, 195, 200; **19** 2
Ἀκιᾶρ s. of Mouros? **16** 4
Ἀλέλ f. of Hol **16** 5
Ἀλέξανδρος s. of Besas (boat captain) **11a** 169
Ἀλία **14** 8; **19** 6
Ἀλλοῦς s. of Syros **17** 20
Ἀλῦπις **25** 14
Ἄμμων **11a** 118, 126
—— (boat captain) **11a** 30
—— (sitometres) **5** 44, 49
Ἀμμωνιανός **18** 7
Ἀμμώνιος **11a** 155
Ἀμῶνις **11a** 62, 156, 177
Ἀνῖνος f. of Dioskorion **5** 57
Ἀντιούριος (-ρις) **17** 13, 14, 21, 26
—— f. of Valerius **5** 8, 15, 26, 31, 39, 45, 62, 68; **6** 2; **11a** 1, 11, 17, 25, 29, 45, 55, 60, 82, 88, 92, 96, 105, 127, 132, 136, 140, 144, 163, 167, 179, 210; **13** 15; **19** 1
Ἀντιοῦρις (sitologos) **12** 44
—— s. of Abous **9** 1, 10
Ἀντώνιος Σαραπάμμων (ex-strategos) **22** 6
Ἀπάμμων (boat captain) **11a** 114
Ἄππινος **5** 7, 25
Ἀπφοῦς s. of Paianos **11a** 73, 77
Ἀ(π)φοῦς s. of Tiberinus **12** 26, 27, 48; **16** 6
Ἀραβικός **19** 5, 6
Ἀρηνᾶς **11a** 206
Ἅρπαλος f. of Syros **12** 15, 23?, 49
Ἀτίσιος see Αὐρήλιος Ἀτίσιος
—— f. of Papeis **13** 5
Ἀτοῦς **12** 19
Ἁτρῆς **13** 20
—— s. of Kastor **17** 5, 16, 30
Αὐρηλία Κουτίνα d. of Elias **24** 3, 11
—— Τετούεις d. of Hatres **24** 1, 18, 23

Αὐρήλιος Ἀβοῦς (apodektes) **11a** 162
—— Ἀιῶν see Ἀιῶν
Αὐρήλιος Ἀμμωνᾶς **4a** 4
—— Ἀμμώνιος (veteran) s. of Theoninos **20** 24
—— Ἀντιούριος see Ἀντιούριος
—— Ἀντιοῦρις s. of Ptollas **3** 3
—— Ἀντωνῖνος **5** 55
—— Ἀντώνιος f. of Atisios **5** 30, 51
—— —— (symmachos) **4** 10
—— Ἀπίων f. of Heron **1a** 4
—— Ἀπολλώνιος (apaitetes) **4a** 20
—— —— (bouleutes, iurator) **1** 9
—— Ἁρποκρᾶς (apaitetes) **4a** 19
—— Ἀτάμμων (apodektes) **4a** 1, 11
—— Ἀτίσιος f. of Heras **1a** 4
—— —— f. of Sabinus **5** 30; **11a** 162
—— —— (-σις) (hypodektes) **5** 1, 20; **11a** 150, 153, 179, 182
—— —— s. of Antonius (hypodektes) **5** 30, 50
—— Ἀτίσιος s. of Hatres **1** 3, 7, 8; **20** 4, 5, 8, 12, 15, 18, 19, 20
—— Ἀτῖσις (sitologos) **3**, 1
—— Ἁτρῆς f. of Atisios **20** 4, 20
—— —— f. of Tetoueis **24** 1, 23
—— Ἀφροδίσιος (surveyor) **1** 6, 8
—— Δημήτριος (hypodektes) **5** 1, 20
—— Ἠλίας f. of Koutina **24** 3
—— Ἡρᾶς f. of Ousenouphis **1a** 3
—— —— f. of Theonas **4** 6
—— —— s. of Atisios **1a** 3
—— Ἥρων **4a** 4, 21; **20** 4, 5, 12, 15, 19, 22; **21** 11, 17, 20
—— —— (bouleutes, iurator) **1** 11
—— —— s. of Apion **1a** 4
—— —— s. of Hol **22** 4, 11, 18, 24
—— Θεονᾶς s. of Heras **4** 6
—— Θεωνῖνος **20** 24
—— Ἰσίδωρος **2** 6; **4a** 4, 21
—— —— s. of Kanaout (hypodektes) **5** 50
—— Κοπρῆς (bouleutes, iurator) **1** 10
—— —— s. of Paëmes **22** 25
—— Μέλας **3** 6
—— Ὀλ **24** 21
—— —— f. of Heron **21** 4, 12
—— Οὐαλέριος see Οὐαλέριος
—— Οὐαλέρις **2** 2
—— Οὐενᾶφρις f. of Sarapion **22** 1, 27
—— Οὐσενοῦφις s. of Heras **1a** 3
—— Πάημης f. of Kopres **22** 25
—— Παλέ (apodektes) **4a** 1
—— Παννοῦς (horiodiktes) **1** 13
—— Παντῆλ (hypodektes) **5** 1, 20

—— Παυλῖνος (surveyor) **1** 6, 7
—— Πελήνιος **4** 3
—— Πτολεμῖ[νος **2** 1
—— Πτολλᾶς f. of Antiouris **3** 3
—— —— (sitologos) **3** 1
—— Σαβῖνος s. of Atisios (apo-, hypodektes) **5** 30; **11a** 151, 153, 162, 179, 182
—— Σαραπίων (apaitetes) **4a** 19, 29
—— —— (ass't of dekaprotoi) **1** 12
—— —— s. of Venaphris **22** 1, 16, 21, 27; **23** 7
—— Σελποῦς **4a** 3
—— Συρίων (apaitetes) **4a** 20
—— Τιμώθεος (agent) **4** 1
Αὐσόνιος s. of Nemesinus (bouleutes, epimeletes) **11a** 201
Ἀχιλλᾶς **13** 18
Ἀ[ . ]ους **17** 10

Βησᾶς f. of Alexandros **11a** 169
Γεννάδιος (boat captain) **11a** 26
Γερόντιος f. of Theodoros **11a** 207
Γομοθεᾶς(?) **11a** 135

Δημήτριος **5** 32; **13** 11, 19
Δημήτρις **11a** 38
Δίδυμος s. of Sotas **12** 29, 53
Διογένης **11a** 135
—— (hypodektes) **10** 12
—— s. of Eulogios (epimeletes) **5** 64
Διοσκορίδης **11a** 43, 46
Διοσκορίων s. of Aninos (epimeletes) **5** 57
Διόσκορος s. of Kastor **15** 10, 19, 28, 30, 45
—— s. of Tiberinus **15** 3, 9, 16, 29, 36, 39
Δωρόθεος f. of Elias **5** 58

Εἰρήνη **22** 2
Εἰσείας f. of Agenes **16** 7
Ἐλ[ . . ]ους (genit.) f. of Ptolemaios **16** 8
Ἐπιφάνιος **11a** 67
Εὐδαίμων **11a** 38
Εὐλόγιος f. of Diogenes **5** 64
Εὖς **13** 18

Ἠλίας **5**, 12, 19; **6** 4; **11a** 8, 99, 108
—— s. of Dorotheos (epimeletes) **5** 58
Ἡρακλῆς s. of Agenes **17** 31
Ἡρᾶς **14** 5; **22** 7
—— f. of Kopres **12** 12, 32, 37, 54
—— s. of Sarapion **11a** 181; **19** 4
Ἡρώδης (hypodektes) **11a** 4, 76, 80, 85, 90, 103
Ἥρων f. of Kopres **25** 1, 18
—— s. of Aion **16** 11
—— s. of Isidoros **16** 10
—— (sitologos) **7** 12

Θαλλοῦς **21** 3
Θεόδωρος s. of Gerontios (bouleutes, epimeletes) **11a** 207
Θεωνῖνος **4** 11

Ἰσίδωρος **11** 4, 8; **11a** 16, 19, 28, 33; **13** 25; **18** 1, 3, 8, 13
—— f. of Heron **16** 10
—— f. of Komon **16** 3; **17** 7
—— f. of Patisis **15** 4, 18, 24, 47
—— s. of Leonidas **15** 25, 34, 42
Ἰσίων **9** 5; **13** 7

Κακακαμμῶνις s. of Sakaon **10** 6
Καλερμεῖος f. of Komon **16** 9
Καλωσῖρις s. of Ausonius **11a** 202
Καπέες s. of Panter **12** 33
Κασιανός f. of Serapion **12** 20, 30, 39, 47
Κάστωρ **17** 2, 23
—— f. of Dioskoros **15** 10, 19, 28, 30, 45
—— f. of Hatres **17** 5, 16, 30
—— s. of Paritios **17** 4, 15, 25
—— s. of Ptolemaios **11a** 60
—— s. of Sabinus **15** 33, 40
Κεφᾶς **11a** 196
Κληματιος **11a** 4
Κολλοῦθος f. of Sotas **12** 7, 56
Κόμων s. of Isidoros **16** 3; **17** 7
—— s. of Kalermeios **16** 9
—— s. of —— **17** 9
Κοπρῆς s. of Heras **12** 12, 32, 37, 54
—— s. of Heron **25** 1, 18
Κύριλλος **5** 29, 37; **11a** 205

Λεονίδας f. of Isidoros **15** 25, 34, 42

Μακάριος (hypodektes) **5** 28, 37, 76, 80, 85, 90, 94, 102, 112
Μαύρης s. of Serapion **12** 34
Μέλας f. of Παësις **15** 7, 12, 17, 43
Μονώψ? see Σελεύκιος
Μοῦρος(?) f. of Akiar **16** 4
Μῦς f. of Sabinus **11a** 59
Μωσῆς (sitometres) **11a** 71

Νεμεσῖνος f. of Ausonius **11a** 201

Ὀλ **11a** 198; **13** 24
—— f. of Alel **16** 5
Οὐαλᾶς s. of Sarapion **15** 6, 13, 31, 44
Οὐαλέριος (-ρις) **13** 9; **14** 3
—— f. of Horion **7** 13; **11a** 172
—— (-ρις) s. of Antiourios **5** 8, 15, 26, 31, 39, 45, 62, 68; **6** 1; **11a** 1, 11, 17, 25, 29, 45, 55, 60, 82, 88, 92, 96, 105, 127, 132, 136, 139, 143, 163, 167, 178, 210; **13** 15; **19** 1
—— Ζίπερ (governor) **1a** 1
Οὐαλλᾶς f. of Chaireas **12** 18, 38, 50
Οὐενάφρις s. of Ptollas **5** 34; **11a** 157; **12** 3, 51
Οὐράνιος (hypodektes) **5** 28, 37; **11a** 4, 148

Παγκράτις **13** 6
Παγκρατίων **13** 18
Παήσιος **12** 15; **20** 12

—— f. of Abaous **12** 13; **17** 32
—— f. of Serapion **12** 10
—— f. of Sakaon **8** 3; **10** 10, 11
Παῆσις s. of Melas **15** 7, 12, 17, 43
Παθῆς **12** 35
Παιανός f. of Abok **17** 24 28
—— f. of Apphous **11a** 73, 77
Παλήμων **5** 33; **11a** 166
Παμᾶς **13** 3
Παντῆλ f. of Pap(e)eis **12** 16, 24, 42, 57; **15** 5, 8, 23, 26, 35, 41
Π]αντῆρ f. of Kapees **12** 33
Παπέεις, Παπεῖς s. of Pantel **12** 16, 24, 42, 57; **15** 5, 8, 23, 26, 35, 41
Παπεῖς **12** 28; **13** 23
—— s. of Aion **12** 5, 41
—— s. of Atisios **13** 5
Παππίων (sitometres) **11a** 40, 58
Παρίτιος s. of Kastor **17** 4, 15, 25
Πᾶς **13** 20
Πατᾶς f. of Serapion **12** 17, 55
Πατερμοῦθις **4** 9
—— f. of Paulus **17** 29
Πατῖσις s. of Isidoros **15** 4, 18, 24, 32, 47
Πάτρων **9** 9, 14
Παῦλος **5** 19
—— f. of Chairemon **12** 25, 52
—— s. of Patermouthis **17** 29
Πα...ικᾶς(?) (boat captain) **11a** 15
Πεταοῦς f. of Abok **17** 27
Πευκῆις (clerk) **4** 15
Πε..[ ο]s f. of Aeis **17** 6
Πολίων (Πω-) **11a** 50, 54
Πτελεμαῖος f. of Seuthes **12** 8, 40 46
Πτευκαος **11a** 69
Πτολεμαῖος **11a** 198
—— f. of Kastor **11a** 60
—— s. of Abaous **12** 45
—— s. of El—— **16** 8
Πτολλᾶς **20** 11
—— f. of Venaphris **5** 34; **11a** 157; **12** 3, 51

Ῥωμανός **5** 12 **11a** 108

Σαβῖνος (censitor) **20** 8
—— (kephalaiotes) **11a** 21
—— f. of Kastor **15** 33, 40
—— s. of Mys **11a** 59

Σακαῶν f. of Kakakammonis **10** 6
—— f. of Paësios **8** 3; **10** 10
Σαραπίων **5** 43, 49 **11a** 130, 138, 141, 160
—— f. of Aion **4** 12; **5** 3, 22, 52; **11** 1, 5; **11a** 6, 20, 34, 41, 47, 51, 63, 68, 100, 113, 121, 150, 153, 174, 195, 200; **19** 2
—— f. of Heras **11a** 181; **19** 4
—— f. of Syros **19** 3
—— f. of Valas **15** 6, 44
—— s. of Serenus **15** 37
Σελεύκιος (riparius) **4** 2
Σελποῦς **17** 8, 18
Σε]ραπίων f. of Maures **12** 34
—— s. of Cassianus **12** 20, 30, 39, 47
—— s. of Patas **12** 17, 55
—— s. of Paësios **12** 10
Σερηνιανός **11a** 9
Σερῆνος f. of Sarapion **15** 37
—— s. of Horos **15** 46
Σεύθης s. of Ptelemaios **12** 8, 40, 46
Σουχιδᾶς **7** 16; **11a** 118, 126, 171, 173
Συρίων **11a** 44, 46
Σύρος f. of Allous **17** 20
—— s. of Harpalos **12** 15, 23?, 49
—— s. of Sarapion **19** 3
Σωκράτης **13** 20, 25
Σώτας f. of Didymos **12** 29, 53
—— s. of Kollouthos **12** 7, 56

Ταμάλει **14** 8; **19** 5
Ταπάεις **14** 10
Ταυημέρα **20** 11; **21** 10
Τιβερῖνος f. of A(p)phous **12** 26, 27, 48; **16** 6
—— f. of Dioskoros **15** 3, 9, 16, 29, 36, 39

Φιλέας **9** 9, 13

Χαιρέας s. of Vallas **12** 18, 38, 50
Χαιρήμων s. of Paulus **12** 25, 52

Ὠρίων s. of Valerius **7** 13; **11a** 172
Ὧρος f. of Serenus **15** 46

]ανος **12** 22
].ιος **12** 22
...]λ..[.ο]ς **17** 9
.....]μις **11a** 155
....της (hypodektes) **10** 9

## VI. GEOGRAPHY AND TOPOGRAPHY

Αἴγυπτος Ἡρκουλία **1a** 2
Ἀλεξανδρία **11a** 12, 203
Ἀρσινοΐτης (νομός) **1a** 5; **20** 4; **24** 3
Ἡρακλείδης (μερίς) **21** 5
Ἡρκουλία see Αἴγυπτος
Ἱερά **7** 13

Καινός **8** 5; **10** 7, 12
Καρανίς **1a** 5; **2** 7; **3** 3; **4a** 5; **5** 2 et passim; **6** 2; **7** 13; **8** 5; **9** 2, 7, 12; **10** 7, 11; **11** 3, 7; **11a** 2 et passim; **17** 2; **20** 4, 21; **21** 3; **22** 2, 27; **24** 2, 23
κώμη **1a** 5; **3** 2; **4a** 5; **5** 2, 4, 21, 22; **8** 5; **10** 7, 11; **20** 4, 5, 6, 21; **21** 3; **22** 2, 5, 27; **24** 2, 23

Λευκογῖον (ὅρμος) **4a** 2, 7; **11** 2, 6; **11a** 12 et passim
μερίς **21** 5
μέρος **16** 2
νομός **1a** 6; **20** 4
ὁριοδικτία **20** 6, 20
ὅρμος see Λευκογῖον, πόλις
πόλις (Arsinoë) **1a** 12; **4a** 20; **5** 9, 16, 40, 45; **8** 4; **10** 6, 11; **11a** 76, 80, 86, 91, 95, 103, 112, 149, 190; **24** 4

Πτολεμαΐς **9** 12; **16** 2; **17** 1, 12
Πτολεμαΐς Εὐεργέτις **20** 4
σφραγίς **20** 6, 7, 8, 10, 11; **21** 5, 7, 10
Τη.ιναρτυ **20** 6, 8
Τκαινπαω **20** 7
τοπαρχία **1** 12
τόπος **20** 6, 7, 8; **21** 5, 7
..... ωτ[ (τόπος) **21** 7

## VII. OFFICIAL TERMS
*(See also Indexes I-III)*

ἀπαιτητής **3** 2; **4a** 20
ἀποδέκτης **4a** 2; **11a** 163
βοηθός **1** 12; **4** 15
βουλευτής **1** 9, 10, 11; **5** 58; **11a** 202, 208
γεωμέτρης **1** 6, 8
δεκάπρωτος **1** 12
δεσπότης **1a** 6
δημόσιος **4** 2
διασημότατος **1a** 1
διδάσκαλος **1** 15
ἐπιμελητής **5** 58, 65; **11a** 202, 208; **25** 7
ἡγεμών **1a** 6
ἡγούμενος **1a** 2
θεῖος **20** 22
ἱερώτατος **1a** 9; **20** 16
ἰουράτωρ **1** 9, 10, 11
κεφαλαιωτής **11a** 21

κνησίτωρ **20** 8
ὁριοδίκτης **1** 13
οὐετρανός **20** 24
πρόεδρος **11a** 135
ῥιπάριος **4** 3
σεβάσμιος **1** 4
σιτολόγος **3** 1; **7** 12; **12** 44
σιτομέτρης **5** 44, 49
στρατηγία (-ήγιος?) **22** 7
συγγεωμέτρης **1** 6, 8
σύμμαχος **4** 10
ταμεῖον **1a** 9; **20** 16
ταμιακός **4a** 23, 26, 30
ὑποδέκτης **5** 2, 21, 30, 51; **10** 4, 9, 13; **11a** 76, 80, 86, 91, 95, 103, 112, 148, 151, 153, 179, 182, 190

## VIII. COINS AND MEASURES

ἄρουρα **1** 1 et passim; **1a** 11; **19** 1-7; **20** 6-9, 15, 16, 21, 23; **21** 8, 10, 13, 19
ἀρτάβη **4a** 9, 10, 25, 27, 28; **5** 6 et passim; **7** 15, 16; **8** 6; **9** 3, 4, 8, 12, 13; **10** 3, 8, 12; **11** 3, 4, 7, 8; **11a** 3 et passim; **15** 3 et passim; **16** 3-12; **17** 4-10, 13, 33; **18** 3, 5, 6, 10, 16, 17, 23; **22** 8, 9, 22, 27; **23** 7; **24** 5, 6, 19, 23
δραχμή **11a** 197; **12** 16, 18, 25, 29, 48, 56; **15** 39-47
λίτρα **6** 4; **11a** 8, 43, 45, 49, 53, 98, 99; **12** 3, 27, 28

μέτρον **15** 3 et passim; **18** 17, 23
  μ. τετραχοίνικον δίκαιον **22** 12
ναύβιον **2** 5
νομισμάτιον **11a** 59, 156, 176; **13** 15
ὄνος **17** 14 et passim
σάκκος **17** 13, 22, 33
τάλαντον **3** 5, 6; **4** 9, 15; **11a** 197; **12** 3 et passim; **13** 3 et passim; **14** 3 et passim; **18** 2, 4, 9, 12, 13, 21, 22; **25** 15

## IX. TAXATION

ἀννῶνα **20** 14; **21** 12, 15
ἀπαίτησις **12** 1; **16** 1
ἀργυρικά **20** 14; **21** 12
ἀφυλισμός **2** 5
δημόσια **20** 12?, 13, 17, 23; **21** 15
διατύπωσις **20** 22
εἶδος [**20** 14]
εἰκοστή **10** 3, 8, 12
εἴσπραξις **15** 1
ἑκατοστή **4a** 8
ἐμβολή **17** 11
ἐπιβολή **20** 14

ἐσθής **4** 8
θαλλίον **12** 43
κατασπορά **4a** 7, 22, 26, 30
κεφ( ) **14** 3, 6
κριθικά **20** 14; **21** 12
μερισμός **11a** 196; **13** 1, 17, 21; **14** 1
μισθός **4** 4, 14
ναῦλον θαλασσίων πλοίων **3** 5
σιτικά **20** 14; **21** 12
τέλεσμα **20** 13, 22
φόρος **1a** 9

## X. GENERAL INDEX OF WORDS

ἄβροχος **1** 1n.; **20** 7, 9
ἀγοραστός? **20** 5
ἀγράμματος **1** 5, 21; **3** 7; **4** 7; **20** 22, 24; **21** 20; **22** 26, **24** 22
ἄδολος **22** 13; **24** 9
ἀεί **20** 17, 23
αἱρέω **20** 17
ἀληθής **1** 18?; **1a** 8
ἀλλά **20** 18; **25** 7, 8
ἀλλαγή **25** 6, 9, 10, 12
ἀλλάσσω **20** 19; **21** 17
ἄλλος **11a** 186, 187, 191, 192; **12** 4 et passim; **13** 12, 13, 24; **18** 9, 12; **20** 9, 10, 18
ἅμα **1** 6, 8
ἀνατολή **20** 11; **21** 10
ἀνενεχύραστος **20** 13
ἀνέπαφος **20** 13
ἀνεπιδάνειστος **20** 13
ἄνευ **20** 12
ἀντί **20** 12
ἀνυπερθέτως **22** 13; **24** 10
ἀπαίτησις (see also Index IX) **22** 14; **24** 10
ἀπαντάω **25** 12
ἀπαξαπλῶς **20** 14
ἅπας **20** 5; **21** 4
ἀπάτωρ **12** 19
ἀπέχω **20** 15
ἀπό **1** 19; **1a** 5, 12; **2** 7; **4a** 5, 7; **5** 3, 22; **8** 2; **10** 5, 10; **20** 4, 5, 8, 11, 13-17, 21, 23; **21** 4, 10, 14; **22** 2, 5, 7, 27; **24** 2, 3, 23
ἀπογραφή **20** 8; **21** 9
ἀπογράφω **1** 3; **20** 8; **21** 4?
ἀποδίδωμι **22** 10, 23; **23** 9; **24** 6, 19; **25** 4
ἀποστέλλω **11a** 203
ἀποφέρω **20** 16
ἀποχή **4a** 30; **11a** 72, 119, 185-87, 190-93
ἀργύριον **12** 1; **18** 1, 13, 20
ἀριστερός **22** 4
ἀρτοποιία **5** 59, 65; **11a** 208
ἀρχή **8** 2; **10** 10; **20** 10
ἀσπάζομαι **25** 13
ἀσφάλεια **21** 16
αὐθαίρετος **20** 19
αὐτός **1** 5; **3** 7; **4** 7; **4a** 6, 25; **5** 3, 22; **9** 6; **11a** 15, 17, 18, 77, 88, 154, 155, 172; **12** 14; **13** 16, 24; **18** 7, 11, 18, 19; **20** 4, 5, 9, 10, 12, 15-18, 20-24; **21** 4, 11, 14, 16, 17, 19, 20; **22** 5, 17, 26; **24** 13, 21; **25** 8, 15
ἀφίστημι **20** 18; **21** 16
ἄχυρον **11a** 42, 49, 53; **12** 36
ἀψευδέω **1a** 10

βασιλικός **20** 9, 10, 16, 21; **21** 19
βεβαιόω **20** 12, 22
βεβαίωσις **20** 13
βοεικός **18** 20

γείτων **20** 10; **21** 9

γένημα **23** 12
γένος **22** 12; **23** 7; **24** 8
γεωργία **20** 8
γεωργός **1a** 10, 14
γῆ **20** 6, 7, 9, 11, 17, 21; **21** 6, 19
γίγνομαι **11a** 188, 191; **14** 11; **17** 22, 33; **19** 7; **20** 20, 22; **21** 18; **22** 14; **24** 11
γνώμη **20** 20
γοῦν **20** 12
γράμμα **25** 4
γράφω **1** 5; **2** 8; **3** 7; **4** 6; **4a** 12; **5** 33, 55; **11a** 166; **20** 22, 24; **22** 25; **24** 21
γυνή **12** 35

δαπάνημα **20** 18
δέ **1a** 8; **20** 11, 15, 20; **25** 10
δέκα **1a** 11; **4a** 9; **5** 6, 24; **11a** 19, 28, 53, 66, 102, 104; **18** 9; **23** 8; **25** 15
δέξιος **20** 5
δέω **1a** 10
δημόσιος (see also Index IX) **20** 5
διά **5** 12, 19, 29, 37, 61, 67; **7** 13; **11a** 9 et passim; **12** 15, 21, 31, 35, 44; **13** 3, 11, 15; **17** 2, 13, 17, 23; **20** 5, 8, 15, 19; **22** 7; **25** 14
διαγράφω **4** 8
δίδωμι **11a** 175; **18** 1, 3, 8, 11, 13, 19
διευθύνω **20** 17
δίκαιον **20** 10
δίκη **22** 18; **24** 14
δίμοιρον **5** 24; **11** 4; **11a** 14, 16
διοικέω **20** 16
διόλου **20** 11
διῶρυξ **20** 11
δοκέω **1a** 6
δόσις **20** 12
δύναμις **1a** 8
δύο **5** 11, 13, 54; **9** 8; **10** 8; **11** 7; **11a** 24, 28, 37, 39, 137, 138, 141, 142, 159, 161, 170, 173, 183; **18** 17, 18, 21, 23; **20** 7
δυσμός **20** 11
δώδεκα **5** 42, 43; **18** 5, 6
δωδέκατον **5** 11, 13, 18, 36, 38; **7** 15; **9** 4; **11** 8; **11a** 3 et passim

ἐάν **20** 9, 17; **25** 9, 14
ἑαυτός **1a** 7
ἐγγράφω **20** 19
ἔγγυος **22** 4, 11, 17, 24
ἐγώ **25** 6
  ἐμοῦ, μου **5** 12, 19, 29, 37; **11a** 9, 43, 46, 108, 118, 126, 135, 155; **18** 11, 12; **22** 15; **25** 1, 4, 18
  ἐμοί, μοι **1** 15; **22** 17; **25** 5, 11
  ἐμέ **20** 22
  ἡμῖν **11a** 175
ἔδαφος **20** 8
εἴκοσι **5** 18; **11a** 3, 16, 43, 45, 134; **18** 2, 3, 12

εἰμί **1a** 10, 13; **20** 9-11, 15, 19; **25** 8
εἰς **11a** 12, 15, 26, 30, 69, 122, 169, 172; **12** 36; **14** 2; **18** 2, 4, 6, 9, 11, 14, 15; **20** 16, 17, 22, 23
εἷς **4** 14; **5** 28, 29; **7** 15; **11a** 16, 59, 84, 86, 111, 156, 166; **20** 11, 21
εἰσδοχή **17** 1
εἴσειμι **20** 7, 16, 17, 23; **21** 15
εἴσοδος **20** 10
ἐκ, ἐξ **8** 2; **10** 5, 10; **20** 10, 16; **21** 14; **22** 15, 16, 18; **24** 12, 14
ἕκαστος **25** 16
ἑκατόν **4a** 9; **11a** 43, 45, 53
ἑκκαιδέκατον **20** 7, 9, 21
ἑκουσίως **20** 19
ἐκτίμησις **11a** 197
ἕκτον **11a** 19, 28, 71
ἔκχυσις **20** 10
ἐκχωρέω **20** 8, 16, 19, 21; **21** 19
ἐκχώρησις **20** 20, 23
ἐλάσσων **20** 9
ἐμμένω **20** 22
ἐμποιέω **20** 18
ἐμποίησις **20** 15
ἐμπρόθεσμος **22** 10
ἔμπροσθεν **20** 14
ἐν **4a** 6; **5** 9, 16, 40, 45; **8** 4; **10** 6, 11; **11** 2, 5; **11a** 11, 25, 29, 35, 55, 69, 114, 122, 167, 185, 199, 203; **20** 4, 6-8, 10, 11, 15; **21** 5, 7, 13; **23** 11
ἕνδεκα **11** 3; **11a** 8
ἐνίστημι **20** 14, 15; **21** 13; **24** 7
ἐννέα **11a** 154; **24** 5, 19
ἐντάγιον **11a** 119, 147
ἕξ **3** 5; **4a** 24; **8** 6; **10** 12; **11a** 3, 57, 90, 91, 94, 107, 108, 125, 146, 149, 180; **18** 17
ἑξ[ακισχίλια? **4** 15
ἑξακόσιοι **11a** 49
ἑξήκοντα **11a** 84, 86
ἑξῆς **20** 16; **21** 14
ἐξουσία **20** 19
ἐπάναγκον **22** 9; **23** 9; **24** 6
ἐπεί **1a** 10
ἐπέρχομαι **20** 18
ἐπερωτάω **20** 20, 22, 23; **21** 18; **22** 18, 24 14
ἐπί **2** 3; **20** 5-9, 17, 19-21; **21** 4, 5, 7, 8, 19; **22** 14; **24** 10
ἐπιγιγνώσκω **1** 12
ἐπίκειμαι **20** 15; **21** 13
ἐπιπορεύομαι **20** 17
ἐπιφέρω **4a** 11, 28; **11a** 72, 119, 148, 193
ἑπτά **4a** 28, 36, 38; **11a** 32, 102, 104; **18** 16, 22
ἐργάτης **25** 7
ἔργον **1a** 8
ἔρχομαι **20** 20
ἕτερος **4a** 10, 27; **11a** 72, 119, 193; **20** 14; **21** 17
ἔτι **20** 8, 21; **21** 19
ἔτος **20** 4, 5, 15; **21** 3, 15; **22** 3
εὐάρεστος **22** 13; **24** 9
εὐθέως **25** 11

εὐθυμέω **25** 4
εὑρίσκω **25** 15
εὐτυχῶς **20** 7, 16, 17; **21** 14?
εὔχομαι **25** 3, 16
ἔχω **3** 4; **4** 3, 11; **5** 4, 23, 32, 53; **11a** 164; **18** 7, 18; **22** 5, 22; **24** 4, 18
ἕως **8** 2; **10** 5, 10

ἤ **20** 9
ἢ καί **22** 16; **24** 12
ἥκω **25** 5
ἡμέρα **25** 10, 11
ἡμέτερος **25** 13
ἡμιολία **23** 7; **24** 5, 19
ἥμισυς **4a** 24, 27; **5** 11, 13, 36, 38, 54; **9** 3, 12; **10** 8; **11** 7; **11a** 3 et passim; **18** 21, 22; **20** 9; **21** 8; **23** 8
ἦτε **3** 2

θέλω **25** 14
θεός **25** 3

ἴδιος **20** 16, 18
ἰδιωτικός **20** 6, 7, 10, 11, 15, 21; **21** 6

καθάπερ **22** 18; **24** 13
καθαρός **5** 24, 27, 35; **7** 15; **9** 3, 8, 12; **11** 3, 7; **11a** 3 et passim; **20** 13, 21; **22** 13; **24** 9
καθώς **20** 10; **21** 9
καθώσπερ **25** 11
καλῶς **20** 20; **21** 18
κατά **20** 5, 10, 12, 18; **21** 11; **25** 13
καταβάλλω **11a** 20, 60, 113, 121, 153, 174, 195
καταλαμβάνω **25** 12
κατέχω **25** 7, 8
κάτω **22** 3
κληρονόμος **14** 8; **19** 5, 6
κλῆρος **18** 15
κοινωνός **4a** 1; **7** 12
κουφισμός **13** 10
κρατέω **20** 15
κρέας **6** 4; **11a** 98, 99; **12** 3, 14, 27, 28
κριθή **5** 10 et passim; **11a** 23 et passim; **15** 1; **16** 1; **18** 16, 23; **23** 8
κτῆσις **20** 11, 12; **21** 10
κυριεύω **20** 16
κύριος **20** 19; **25** 1, 18
κωμήτης **3** 2; **5** 10, 17, 27, 35, 41, 46, 61, 67; **6** 2; **7** 14; **9** 2, 7, 11; **11** 3, 6; **11a** 2 et passim

λάχανον **18** 2
λέγω **20** 6-8; **21** 6
λιθάριον **25** 14, 16
λίνος **11a** 59, 196
λόγος **1a** 7; **4a** 7; **5** 32; **11a** 197; **12** 36, 43; **15** 1; **18** 6, 12, 14, 19
λοιπάς **11a** 176; **17** 12
λοιπός **18** 22
λυσιτέλεια **1a** 8

μέν **1a** 6, 10; **20** 10, 11, 13; **21** 5, 10
μένω **20** 18
μέρος **22** 8
μετά **20** 11; **22** 4, 11, 17, 24
μετρέω **1** 6, 8; **5** 44, 49; **11** 4, 8; **11a** 40, 58, 72, 76, 87, 95, 112; **22** 5
μέτρησις **1** 4, 10, 11, 13
μέχρι **20** 10, 14
μή **4a** 11, 28; **11a** 72, 119, 147, 193; **20** 17, 19; **25** 6, 10
μηδέ **20** 18
μηδείς **20** 18
μήν **4** 4, 14; **5** 59, 66; **11a** 204, 208; **13** 1, 17, 21; **14** 1; **20** 6, 14, 17, 23; **22** 10; **23** 11; **24** 7
μήτηρ **20** 4; **21** 3; **22** 2
μόνος **2** 6; **3** 6; **4a** 10, 24, 27; **5** 6 et passim; **6** 4; **7** 16; **8** 6; **9** 4, 8, 13; **10** 8, 12; **11** 4, 8; **11a** 4 et passim; **22** 28
μονώψ **4** 2

νέος (see also Index III) **22** 13; **24** 9
νομίζω **25** 6
νῦν **20** 5, 10, 15; **21** 4

ὀγδοήκοντα **5** 28, 29
ὄγδοον **20** 6, 9, 21; **21** 8
ὅδε **1a** 12; **20** 20
οἶνος **13** 4
ὀκτώ **5** 6, 33; **11a** 19, 66, 156; **18** 4; **23** 8; **25** 15
ὅλος **4a** 12
ὄμνυμι **1** 4
ὁμοίως **4a** 25; **9** 6; **11a** 17; **12** 4, 6, 9, 11, 14; **18** 4, 8, 10, 19
ὁμολογέω **20** 4, 8, 12, 15, 20, 22, 24; **21** 18; **22** 1, 15, 18; **23** 10; **24** 1, 4, 12, 15
ὁμοῦ **13** 8; **18** 21
ὄνομα **8** 3; **19** 5, 6; **25** 13
ὀρθῶς **20** 20
ὁρίζω **25** 10
ὅριον **20** 10
ὅρκος **1** 5
ὅς
  ἥν **20** 11
  ὧν **13** 3; **20** 8, 10; **21** 9
  ἅς **20** 13, 17, 21
ὅσος **20** 9
ὅσπερ **22** 9; **23** 9; **24** 6
ὁστισοῦν **20** 18; **21** 16?
ὅτι **25** 6
οὐδέ **20** 22
οὐδείς **1** 14
οὐκ **20** 19
οὐλή **20** 5; **22** 3
οὖν **25** 6, 8
οὔτε **20** 19
οὗτος **18** 7, 18; **20** 12, 19, 20
  οὕτως **20** 20
ὀφείλημα **20** 21

παῖς **12** 21, 31
παντοῖος **20** 13, 14
παρά **1** 15; **1a** 3, 10 interlinear; **3** 4; **4a** 6, 22; **5** 4, 23, 32, 53; **11a** 164; **18** 7, 17, 18, 23; **20** 12; **21** 11; **22** 6; **25** 4
παραβαίνω **20** 19, 22
παραλαμβάνω **1** 4; **4a** 6, 22
παραλείπω **1** 14
παρατίθημι **1** 16
παραφέρω **5** 8, 15, 26, 34, 39, 45; **6** 1; **7** 12; **8** 3; **9** 1, 10; **10** 1, 5, 10; **11** 1, 5; **11a** 1 et passim
παραχρῆμα **20** 18
παραχωρέω **20** 5, 15, 20; **21** 17?
παραχώρησις **1** 17; **20** 13, 20, 23; **21** 11
παραχωρητικόν **20** 12
πάρειμι **1** 10, 11; **4** 7; **24** 21
παρέχω **20** 13, 21
πᾶς **1** 13; **20** 8, 10-17, 21-23; **21** 8, 15; **24** 13; **25** 3, 5, 9, 13
πατήρ **18** 11; **25** 1, 17
πέμπω **25** 5, 9, 10, 14
πέντε **1a** 11; **4a** 10; **9** 3; **11a** 14, 79, 81, 98, 99, 152; **18** 14; **20** 21; **22** 8, 22, 27
πεντήκοντα **3** 5; **11a** 14, 129, 130
περί **20** 6, 20
περιγίγνομαι **20** 16; **21** 14
πῆγμα **20** 11
πι( ) **11a** 198
πλείων **20** 9
πλήρης **4** 15
πληρόω **2** 2
πλοῖον **11a** 12, 15, 26, 30, 114, 120, 122, 169, 172, 194
ποιέω **1** 17
πολύς **25** 16
ποτίστρα **20** 10
πρᾶξις **22** 15; **24** 11
πρεσβύτερος **1** 15
πρό **25** 3, 5, 9
προγράφω **20** 19
προδηλόω **1** 3, 7, 9, 14
προθεσμία (sc. ἡμέρα) **22** 23; **23** 11; **24** 7, 20
πρόκειμαι **1** 4, 16; **11a** 120, 193; **20** 6, 13, 22, 23; **21** 7, 9; **22** 24; **24** 20
προνοητής **22** 7
πρός **17** 13, 33; **20** 7, 15; **25** 12, 15
προτείνω **1a** 7
πρῶτος **21** 5
πυρός **4a** 8, 23, 27, 28; **5** 24, 27, 35; **7** 15; **9** 3, 8, 12; **11** 3, 7; **11a** 3 et passim; **22** 8, 22, 27

ῥυπαρός **11a** 200
ῥώννυμαι **25** 16

σημειόω **4** 16, 29; **5** 7, 13, 19, 25, 29, 37, 43, 48; **6** 5; **7** 16, 17; **9** 5, 9, 13, 14; **10** 4, 9, 13; **11a** 5 et passim

σῖτος **4a** 30; **5** 5; **10** 8, 12; **11a** 142, 185, 197, 201, 203, 206; **17** 1, 11; **18** 5, 15; **24** 5, 18, 23
σπείρω **21** 6
σπορά **18** 15; **20** 6, 7, 9, 15
σπουδάζω **25** 8
στατιών **11a** 69
σύ **25** 9
    σοῦ **3** 4; **5** 4, 23, 32, 53; **11a** 164
    σοί **1a** 10 interlinear; **22** 10, 15; **25** 3
    σέ **25** 12, 16
    ὑμῶν **4a** 6, 22
σύμβολον **4a** 11, 28
σύν **4a** 8; **10** 8, 12; **22** 8; **23** 7; **24** 5
συνήθεια **20** 10
συντάσσω **25** 11

τελειόω **20** 5
τελέω **1** 15; **20** 23
τέσσαρες **5** 24; **11a** 129, 130
τέταρτον **11a** 79, 81, 111; **20** 7, 9, 21; **12** 8; **23** 9
τετρακαιεξηκοστόν **20** 6, 9?, 21
τιμή **13** 4; **18** 2, 4, 9; **20** 12
τὶς **20** 12, 19
τοίνυν **1a** 10
τρεῖς **1a** 5; **2** 6; **5** 47, 48; **11a** 61, 71, 75, 117, 120, 134; **18** 23; **20** 6
τριάκοντα **4a** 9; **5** 11, 13; **8** 6; **10** 3, 12; **11a** 98, 99, 146, 149; **18** 10; **22** 3
τρίτον **5** 11, 13, 18, 36, 38; **7** 15; **9** 4, 13; **11** 8; **11a** 37, 39, 84, 87, 129, 131, 137, 139, 146, 149, 159, 161, 170, 173, 184; **22** 9, 23, 27
τρίτος **22** 8

τρόπος **20** 18; **21** 16

ὑγιαίνω **25** 3
ὑπαγορεύω **20** 10
ὑπάρχω **20** 5; **21** 4; **22** 17; **24** 13
ὑπέρ **1** 5; **1a** 7, 8; **2** 3, 4; **3** 4, 5, 7; **4** 3, 4, 7, 11, 12, 14; **4a** 22, 25; **5** 5 et passim; **6** 3; **7** 13; **8** 4; **9** 1, 6, 11; **10** 2, 7, 11; **11** 2, 6; **11a** 2 et passim; **20** 12, 17, 18, 22-24; **22** 26; **24** 21
ὑποβάλλω **1a** 17
ὑποδείκνυμι **1** 13
ὑποσχισμός **18** 14, 20, 21

φάσηλος (πασ-) **18** 5, 9, 17
φιλαλήθης **1a** 10 interlinear
φορά **17** 13, 17

χαίρω **3** 3; **4a** 5, 21; **5** 4, 52; **11a** 164; **25** 2
χείρ **22** 3
χειρόγραφον **5** 56, 63; **11a** 201, 207; **22** 27; **24** 23
χέρσος **20** 11
χμγ **8** 1
χρηματισμός **20** 5
χρῆσις **20** 10
χρόνος **5** 63; **20** 5, 14, 17, 23; **21** 4; **25** 17
χρυσίον **11a** 59, 156, 176
χῶμα **2** 4
χωρίς **11a** 193; **20** 18

ὡς **1** 4; **20** 4, 17, 22, 23; **21** 3; **22** 3, 24; **24** 20; **25** 5